本成果受到舟山市社会科学界联合会
经费资助，在此致谢

新时代蚂蚁岛发展研究

张洪鹏 著

浙江工商大学 出版社 | 杭州
ZHEJIANG GONGSHANG UNIVERSITY PRESS

图书在版编目（CIP）数据

新时代蚂蚁岛发展研究 / 张洪鹏著 . -- 杭州 ： 浙
江工商大学出版社，2024.6
ISBN 978-7-5178-5932-1

Ⅰ．①新… Ⅱ．①张… Ⅲ．①区域经济发展－研究－
舟山 Ⅳ．① F127.553

中国国家版本馆 CIP 数据核字（2023）第 253620 号

新时代蚂蚁岛发展研究
XINSHIDAI MAYI DAO FAZHAN YANJIU

张洪鹏 著

责任编辑	张莉娅	
责任校对	董文娟	
封面设计	望宸文化	
责任印制	包建辉	
出版发行	浙江工商大学出版社	

（杭州市教工路 198 号　邮政编码 310012）
（E-mail：zjgsupress@163.com）
（网址：http://www.zjgsupress.com）
电话：0571-88904980，88831806（传真）

排　　版	杭州浙信文化传播有限公司
印　　刷	杭州宏雅印刷有限公司
开　　本	710 mm×1000 mm　1/16
印　　张	9
字　　数	156 千
版 印 次	2024 年 6 月第 1 版　2024 年 6 月第 1 次印刷
书　　号	ISBN 978-7-5178-5932-1
定　　价	56.00 元

目
录

103

9. 蚂蚁岛精神的传承与发展

113

10. 蚂蚁岛精神与企业家精神

123

11. 蚂蚁岛的产业升级

133

参考文献

1

新时代中的蚂蚁岛

1.1 新时代的时代特征

新时代的中国正处于历史上一个重要的转折点，其主题词可以概括为"复兴"。新时代不仅标志着中国特色社会主义的进步阶段，也是中华民族迈向伟大复兴之路的关键时期。这一主题词深刻揭示和精准概括了新时代的本质特征和发展规律。

"复兴"之所以成为新时代的主题词，原因在于它集中体现了中国从革命、建设、改革到全面进入新时代的历史脉络，强调了在新时代中实现中华民族伟大复兴的中国梦是我们时代的使命和追求，也是推动中国社会进一步发展的核心动力。

新时代的主题词"复兴"不仅深刻概括了中国当前的历史阶段和发展

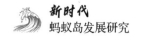
目标，也是对中国共产党和中华民族未来发展道路的精准指引，这一概念凝聚了中国共产党自成立以来不懈追求的目标，代表了中华民族近代以来最伟大的梦想，它不仅是对过去历史的继承，也是对未来发展的擘画。习近平新时代中国特色社会主义思想深入解释了"复兴"的深层含义，并明确表示实现中华民族的伟大复兴是中国共产党恒久不变的初心与使命。在此思想的引领下，中国完成了从站起来、富起来到强起来的历史巨变，目前正步入实现伟大复兴的光明未来。新时代中国不仅继承了历史，还展现出创新的发展特质。新时代的中国，以复兴为核心主题，展现了在充分的量变积累后的质的飞跃。这不仅仅是一个政治口号，而是全党全国人民共同的奋斗目标，是集中表现了中国社会主要矛盾变化和时代发展大势的集中体现。

新时代的中国正站在实现中华民族伟大复兴的历史交汇点上。这一时代要求我们既要深刻认识到"复兴"所代表的历史责任，也要清晰地看到这一目标的实现需要全党全国人民的共同努力。在新时代的征程中，我们要准确把握时代主题，抓住时代根本，揭示其本质特征，从而在新的历史条件下推动中国特色社会主义不断发展。

1.2 新时代背景下中国社会的变化

在过去的百年中，中国经历了一系列深刻的社会经济变革，从新民主主义革命到社会主义建设，再到改革开放和社会转型，每个阶段都在塑造着今天的中国。这段从一个农业主导的经济体过渡到成为世界领先的工业和技术强国的历史变迁，标志着中国在全球舞台上的重要地位。

从 1950 年到 1978 年，在社会主义建设阶段，中国实施了三大社会主

义改造，逐步确立了城镇国有经济与乡村集体经济的体制。采纳苏联的
"斯大林模式"，中国步入了计划经济的轨道。在这一时期内，国家不仅作
为工业化发展的推动者和组织者，同时也承担了对国有企业员工生活状况
的保护职责，工人阶级转变为工业化推进的核心力量。与此同时，中国还
是一个以农业为主的国家，农民在集体化的生产方式下为国家的工业化做
出了贡献。

1978 年，中国迈入了改革开放的全新时代，这一时期社会经济基础与
阶级结构经历了根本性的变革。农村经济体制的改革赋予了农民更多的经
济自主权，催生了私营经济和民营经济的发展。城市方面，市场化改革的
推进导致了国有企业的重组，伴随着大规模的下岗和再就业压力。1995—
2015 年经济转型和国营企业改制期间，这些改变在 21 世纪初基本完成，
中国经济体制由计划经济向市场经济转变。2001 年中国加入世界贸易组
织，为经济发展开启了新的机遇，促进了国内经济的多元化和国际地位的
提升。

社会政策也经历了重大的转变。政策重点从扶贫转向全面富裕，这反
映了中国在减少贫困和提高整体生活质量方面的成就。特别是精准扶贫政
策，使得中国社会的赤贫群体基本消失，这是政府在社会发展和人民福祉
方面取得的重大进步。随着社会转型的深化，普遍的"公民"观念开始普
及。社会政策开始倡导全面普及的社会保障和公共服务平等化，增强了公
民权益意识。同时，中央政府积极推动构建和谐社会和以民生为导向的发
展战略，这为中产阶层提供了更广阔的精神自由及成长空间。

自 2016 年以来，中国社会经济的发展进入了新的阶段，这一阶段的特
征和挑战反映了中国在迈向社会主义现代化强国目标过程中的多重转变。
社会政策的重点从托底保障转向全面富裕，实现了从扶贫脱困向走向富裕
的重大转变。中国社会的阶层结构也在经历深刻的变化。中产阶层的壮大

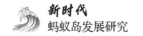
对社会的稳定性和持续发展极为关键。尽管如此，受工业化进程的后续影响，中产阶层在中国社会中的比例仍较小，社会的总体阶级结构依然保持着"金字塔形"的特征。对于低收入阶级，政府的民生投入和公共服务能力的加强已显著改善了他们的生活状况。中产阶级的物质生活水平持续提升，同时他们对于发展环境和个人自由选择的空间也提出了更高的要求。高收入阶级虽然在社会贡献和财产保护等方面发挥着重要作用，但他们的经验性研究和生活状况资料较为有限。

总体而言，中国在新时代下的社会结构变化是多方面的，包括经济结构的转型、社会政策的更新以及阶层结构的调整，共同塑造当代中国的社会特征。这一系列的转变和发展，不仅改变了中国社会的经济结构和国际地位，也对全球经济产生了深远的影响。

1.3 蚂蚁岛的历史和社会经济状况

1.3.1 蚂蚁岛的起源

蚂蚁岛是位于舟山群岛中的一个小岛，陆域面积为 2.22 平方公里，拥有超过 4000 名居民。它最早出现在康熙时期的《定海县志》中，被称为"马蚁山"。从历史上看，蚂蚁岛在清代已是重要的渔场，其周围海域富含多种鱼类和小虾。最初是来自宁波、台州的渔民在蚂蚁岛上定居。其中一个周姓渔民，首次在岛上避风并发现了丰富的渔业资源，之后逐渐有更多的人迁移到岛上。光绪年间的《定海厅志》对蚂蚁岛进行了详细的描述，包括了其人口和地理位置。那时，岛上的居民虽不多，但已形成了几个村落。民国时期，浙江陆军测量局对蚂蚁岛进行了详细的测绘，其地图被收录在《民国浙江地形图》一书中。这些地图展示了蚂蚁岛的多个村落和地名，如大岙、沙岙、后岙等。当时蚂蚁岛的人口呈现增长趋势，社会经济中心集中在长沙塘区域。

此外，蚂蚁岛东北角还有两座小山，南侧有名为老鼠山岛的地方，其独特的地形使其远看像一只老鼠，而相邻的明礁被称为鼠尾巴礁。整体来看，蚂蚁岛不仅在地理上独特，而且其渔业资源丰富，对当地居民的生计和文化产生了深远的影响。

1.3.2 中华人民共和国成立后的蚂蚁岛

蚂蚁岛的历史和社会经济状况体现出了该地区的多重挑战和变迁。蚂蚁岛的发展面临了多重阻力，特别是地理和历史因素的限制。舟山群岛的地形不适合大规模种植业，生活用水和农业用水资源紧张。历史上，舟山渔业由于技术和生产组织方式的限制，长期处于低水平。中华人民共和国成立初期，蚂蚁岛和周边地区的经济和社会环境开始逐渐恢复和发展，标志着一个新时代的开始。20世纪50年代的蚂蚁岛地图显示了岛上的8个自然村落，其中长沙塘和后岙为人口最多的村落。此时，蚂蚁岛的"人渡"码头位于长沙塘，岛上的最高峰是大平岗顶。20世纪50年代，岛上建起了新海塘，被命名为"三八"海塘，是蚂蚁岛精神的实际体现。1984年，蚂蚁岛从人民公社改为蚂蚁岛乡，拥有5个行政村和2个自然村。

蚂蚁岛在中华人民共和国成立后经历了深刻的变革和发展，主要体现在以下几个方面：

第一，恢复生产与组织渔民。解放初期，蚂蚁岛面临着生产设施简陋和资源匮乏的问题。政府及军队的支援，如提供大米救济和渔业贷款，对于稳定渔民生活和恢复生产至关重要。此外，渔民组织的建立，如渔民协会，使渔民能够集体处理渔业生产中的问题，增强了他们的集体力量和社会地位。

第二，土地改革。蚂蚁岛的土地改革体现在重新划分社会阶级和生产资源的分配上。这一改革打破了传统的社会和经济结构，提高了社会公平性和生产效率。

第三，渔业民主改革。渔业民主改革旨在解决渔民工作中存在的问题，如封建剥削、生产未恢复、生活条件未改善等。通过政治改革运动，蚂蚁岛消除了封建渔行的控制，提高了渔民的生产积极性，为合作化运动的开展创造了条件。

第四，成立渔民供销社和生产互助组。渔民供销社的成立改善了渔民在生产流通领域的地位，而生产互助组的设立则促进了合作生产和增产增收，加强了渔民间的相互帮助和团结性。

第五，渔业生产合作社的成立。在初级社的基础上，渔业生产合作社的成立标志着渔业生产关系的进一步深化。合作社的管理和运作模式，如社员大会和管理委员会，反映了民主和集体主义的原则。

第六，"大社"的成立和"五社合一"。"大社"的成立进一步加强了资源的集中管理和生产效率，而"五社合一"的模式则是对不同生产领域的一种综合整合，体现了社会主义生产关系的深化。

第七，高级社的成立。高级社的成立是对合作社模式的进一步深化，其中包括了更加公平的生产资料分配、劳动分配原则以及社会福利制度的建立。

这些变革反映了蚂蚁岛在政治、经济和社会结构上的深刻转型，旨在提高生产效率，改善渔民的生活条件，促进社会公平等。这些改革措施不仅有利于渔业的发展，还在一定程度上预示了中国农村改革的总体方向和模式。

1.4 蚂蚁岛在新时代的定位与角色

浙江舟山的蚂蚁岛,作为中国东海的一个重要岛屿,在海上交通和贸易中扮演着重要角色,这一地位在新时代得到了进一步的发展和拓展。在经济方面,蚂蚁岛正变成海洋经济的重要引擎,特别是在渔业、海洋资源开发和海上物流领域。随着中国对海洋经济的重视,蚂蚁岛的战略地位愈加凸显,它不仅促进了区域经济的增长,还成为连接国内外市场的关键纽带。旅游业也是蚂蚁岛经济的重要组成部分,蚂蚁岛凭借其独特的海岛景致吸引了众多游客。此外,蚂蚁岛在环境保护和可持续发展方面也扮演着重要角色。在全球气候变化和生态保护日益受到重视的今天,蚂蚁岛积极推动绿色发展和生态旅游,努力实现经济发展与环境保护的平衡。同时,作为文化交流的平台,蚂蚁岛保留着丰富的海洋文化和地方传统,成为文化遗产保护和传承的重要场所。随着科技创新的不断推进,蚂蚁岛有潜力成为新技术和新产业发展的实验场,特别是在海洋科学和可再生能源领域。展望未来,蚂蚁岛将持续在推动区域经济发展、促进文化交流、实现生态保护,以及科技创新等多方面发挥重要作用。

1.5 新时代背景下的蚂蚁岛

1.5.1 经济转型与创新

在新时代的浪潮中,蚂蚁岛的经济结构经历了显著的转型。传统渔业与现代旅游业相结合,开辟了岛上经济增长的新途径。渔民不再单纯依赖捕捞海洋资源为生,而是转向利用海洋来吸引游客,发展诸如海上观光、

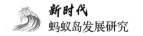
体验式捕鱼、海岛探险等旅游活动。这种经济的转型不仅提升了岛民的收入，也增强了他们对自然资源可持续利用和环境保护的意识。此外，在新时代的背景下，蚂蚁岛的旅游业也实现了质的飞跃。岛上独特的自然风光和丰富的文化遗产吸引了大批游客。新兴的旅游项目，如生态旅游、红色教育游和文化体验游，为游客提供了丰富多样的选择，这不仅提升了蚂蚁岛的知名度，也为当地经济注入了新的活力。蚂蚁岛作为"虾皮之乡"，其主要产品生虾皮在国内市场占据了高达 80% 的份额。2022 年，蚂蚁岛被列为舟山"小岛你好"海岛共富行动的首批示范岛，实现了集体危旧渔用仓库向集工业体验游、虾皮创意研发、直播带货购物等多功能"共富工坊"的转型。2022 年，该岛的渔业产值达到 1.6 亿元，工业产值达 4.03 亿元，旅游收入达 800 万元，展示了蚂蚁岛经济发展的强劲势头。

1.5.2 社会转型与文化保护

新时代的蚂蚁岛在社会和文化方面也经历了深刻的转型。随着经济的发展和社会的开放，岛民的生活方式和观念发生了变化。传统文化在这一过程中得到了更好的保护和传承。例如，岛上的渔歌和渔船制造技艺受到了当地政府和文化组织的积极保护和推广，成为吸引游客的独特文化资源。此外，蚂蚁岛还注重挖掘和利用红色文化资源。通过建立红色教育基地和博物馆，岛上的红色文化遗产得以保护和传播。这些文化活动是岛上文化旅游的重要组成部分，加深了游客对中国近现代历史的理解。

1.5.3 环境保护与生态旅游

在新时代的背景下，蚂蚁岛的环境保护和生态旅游取得了显著成就。

岛上积极推行生态保护政策，如实施森林覆盖计划、保护海洋生物多样性等。截至 2021 年，岛上森林覆盖率达 70%，绿化面积发展到 1760 亩，庭院绿化的植物品种多达 300 种，蚂蚁岛成为一座生态绿岛。这些措施不仅改善了岛上的生态环境，也成为吸引游客的重要因素。生态旅游在蚂蚁岛的发展中扮演着重要角色，通过开发绿色旅游项目，如生态探险、自然观察和环保教育等，岛上为游客提供了与自然亲密接触的机会，这种旅游方式不仅有助于提升游客的环保意识，也为当地的环境保护事业带来了支持。蚂蚁岛先后荣获"全国文明创建先进村镇""全国环境优美乡"以及"全国乡村治理示范村"等多项称号。

1.5.4 社会教育和实践基地

在新时代，蚂蚁岛成为重要的教育和实践基地。岛上的学校积极参与红色教育和生态教育实践，为游客等提供了丰富的学习资源。通过参与红色教育旅行和生态研学活动，游客等不仅能够了解中国的历史和文化，也能够学习到有关生态保护的知识。目前，当地正在积极推动红色教育基地的建设，开发了红色教育体验路线、造船体验工业路线以及特色海洋文化路线等多条体验线。这些努力已经构建出一个集观光、讲解、学习和互动为一体的红色教育培训闭环系统。截至 2021 年 5 月 24 日，蚂蚁岛红色教育基地已成功接待了 133 批学习培训团队，共计 4837 人次。

1.5.5 社区凝聚力与精神传承

蚂蚁岛社区的凝聚力在新时代得到了加强。面对经济社会快速发展带来的挑战，岛民依然保持着团结协作的传统精神。蚂蚁岛精神，代表着居

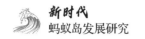

民的坚韧不拔和自强不息，成为推动社区发展的核心动力。这种精神不仅在传统渔业中得以体现，也在新兴的旅游业和文化活动中发挥着重要作用。2018年，蚂蚁岛精神红色教育基地全面投入运行，旨在打造红色旅游品牌。

在新时代的征程中，蚂蚁岛不仅是中国小岛发展的一个缩影，更是中国社会进步和变迁的生动例证。这里的故事，宛如一部感人肺腑、荡气回肠的长篇史诗，不仅展示了中国特色社会主义文化自信，也深刻诠释了中国精神的核心价值。在快速发展的浪潮中，蚂蚁岛展现了经济增长与文化、环境保护之间的平衡艺术。从渔村的转型升级到现代旅游业的兴起，蚂蚁岛不断探索着如何在保护传统文化和自然环境的同时实现可持续发展。这些经验对于其他类似的社区具有重要的启示和借鉴意义，尤其是在面对新时代背景下的挑战时。蚂蚁岛精神，作为这一切变革的指导灯塔，已深深植根于舟山市乃至更广阔地区的发展中。它指引着从经济增长到社会和谐的转型，从文化传承到生态保护的努力。这股力量润物细无声，既是对过往历史的传承，也是对未来发展的指引。蚂蚁岛的每一步变迁都映射了中国的发展轨迹，它的故事不仅仅属于一个岛屿，更是中国发展道路的一个缩影，展示了在现代化浪潮中如何坚守传统与自然的和谐共生。

1.5.6 蚂蚁岛与新时代

蚂蚁岛，是一个在新时代下焕发着新光彩的地方，是一个以其坚韧不拔、勇于创新的精神成为时代楷模的地方。解放初期，蚂蚁岛人民面对贫瘠的土地和艰苦的生活条件，不屈不挠，依靠着一股"战天斗地、战风斗浪"的闯劲和勇气，开创了渔业生产合作化的先例，实现了小岛的蜕变。这一时期，蚂蚁岛人民的奋斗精神，成为蚂蚁岛获得"农业社会主义建设先进单位"殊荣的关键。2005 年时任浙江省委书记习近平对蚂蚁岛的考察，为蚂蚁岛精神注入了新的时代内涵。"艰苦创业、敢啃骨头、勇争一流"的蚂蚁岛精神，不仅是对历史的肯定，更是对未来的期许。随着时代的变迁，蚂蚁岛精神也在不断地发展和重塑。如今，这个曾经贫瘠的小岛，已经变成了一个具有强大生命力和创新活力的现代化岛屿。这种变化，是蚂蚁岛精神在新时代背景下的具体体现。新时代的蚂蚁岛，是科技与传统的交融，是发展与保护的平衡。这里的每一项创新举措，每一次产业升级，都凸显了蚂蚁岛精神的时代价值。从海洋产业的转型升级到文化旅游的深度开发，从生态环境的保护到民生福祉的提升，蚂蚁岛精神在这一切中都发挥着不可替代的作用。

在中国新时代的宏伟蓝图中，蚂蚁岛精神显现出更加深刻的价值和意义。它不仅仅代表了一种地域文化的自豪，更是中国特色社会主义文化自信的鲜明象征。蚂蚁岛精神的持续传承和发展，不仅是对中华民族精神的一种深刻贡献，而且它坚实地支撑着中华民族伟大复兴的中国梦。在新时代的背景下，蚂蚁岛精神的重要性还体现在对社会主义核心价值观的积极弘扬中。它传递了对坚持和发展中国特色社会主义的坚定信念，并展现了新时代中国人民和中华民族的风采。

面对全球化带来的挑战和机遇，蚂蚁岛人民展示了他们适应时代的精神风貌。他们在融入国家发展大局的同时，也致力于保护着自己独特的文化和自然环境，实现了经济发展与生态保护的和谐共生。蚂蚁岛精神与新时代的契合，为之赋予了新的内涵和活力。在新时代的征途上，蚂蚁岛精神激励着舟山人民不懈探索和前进。从实施"小岛你好"海岛共富行动到推动海洋经济发展，从强化环境保护到提升居民生活质量，蚂蚁岛精神在各个领域都发挥着积极作用。

展望未来，蚂蚁岛精神将继续成为舟山市乃至整个浙江省发展的强大

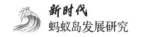
推动力。它是对过去的传承，指引着未来的方向。在新时代长征路上，蚂蚁岛精神将成为我们攀登新高峰、创造新辉煌的灯塔。在这片浸透着蚂蚁岛精神的土地上，每个居民都是这一精神的传承者和践行者。他们用自己的行动证明了蚂蚁岛精神的生命力和时代价值，为新时代中国的发展作出了自己的独特贡献。

蚂蚁岛精神，不仅是蚂蚁岛人民的精神象征，也是新时代中国精神的重要组成部分。它体现了中国人民在面对困难和挑战时的坚韧和勇气，展示了在新时代背景下持续前行的决心和力量。作为一种深刻的文化遗产，蚂蚁岛精神将继续在新时代的历程中发挥其独特魅力，照亮我们走在中国特色社会主义道路上的每一步。

1.5.7 蚂蚁岛是推动浙江共同富裕示范区建设的重要动力

新时代，中国共产党的伟大事业不断向前发展，全面建设社会主义现代化国家的目标日益清晰。在这个历史进程中，各地区也积极响应党的号召，积极探索新的发展路径，其中浙江省以其独特的地理位置和发展优势，成为全国改革开放和现代化建设的重要窗口。而在浙江省内，蚂蚁岛精神作为一种具有鲜明浙江特色的革命精神，正发挥着重要的作用，推动着浙江共同富裕示范区建设向前发展。

1.5.7.1 蚂蚁岛精神的由来与特点

蚂蚁岛精神起源于中华人民共和国成立之初，并在 21 世纪得到明确阐述。这种精神的核心理念是"艰苦创业、敢啃骨头、勇争一流"，它不仅是浙江精神在新时代的重要体现，也是红色传统在现代的传承。蚂蚁岛精神特别强调创新勇气、面对困难的决心及追求卓越的精神，这种影响力已经超越了浙江，影响了更广泛的区域。这种勇往直前的精神在中华人民共和国成立初期的艰苦岁月中形成，正是因为有了这种精神，蚂蚁岛才能够建立"渔业第一个人民公社"，为浙江乃至整个中国的发展探索了一条新路。

1.5.7.2 蚂蚁岛与共同富裕示范区建设的契合

在探索新时代社会主义现代化的伟大征程中，共同富裕不仅仅是一个目标，更是衡量社会发展成效的重要标准。浙江省推进共同富裕示范区的建设，不仅深化了省域现代化的战略实施，也代表了中国特色社会主义现代化建设的一次创新探索。在这个过程中，蚂蚁岛精神与中国特色社会主义现代化建设的核心理念实现了完美的融合。这种精神强调创业勤劳、面对困难的坚韧和追求卓越的目标，为浙江乃至全国的社会主义现代化贡献了独特的力量。蚂蚁岛精神所倡导的"艰苦创业、敢啃骨头、勇争一流"不仅是一种精神表征，更深刻地与共同富裕的理念和追求相呼应。因此，它成为推动共同富裕示范区建设的重要思想源泉，激发着浙江人民在现代化道路上不懈前行的动力。

此外，蚂蚁岛精神的影响不仅在于其自身。它与红船精神、大陈岛垦荒精神、浙西南革命精神、海霞精神、浙江精神等共同构成了一幅丰富多彩的精神画卷，为浙江省推动共同富裕示范区建设提供强大的精神动力。这些精神的共同特点在于实干、创新和勇于领先，它们不仅体现了浙江人民的历史传承和文化自信，也指引了共同富裕示范区建设的方向，即坚定不移地追求高质量的发展，确保所有公民都能在这一过程中得到实实在在的利益。

1.5.7.3 蚂蚁岛在共同富裕示范区建设中的作用

（1）把准"进"的方向。蚂蚁岛精神的核心理念之一是"勇争一流"。

这种勇往直前的精神鼓励浙江在共同富裕示范区建设中不断探索新的前进方向。共同富裕示范区建设的目标是提高人民群众的获得感、幸福感、安全感，实现全体人民共同富裕。蚂蚁岛精神鼓励勇于创新，积极攻坚克难，这与共同富裕的追求相一致。在蚂蚁岛精神的指导下，浙江可以坚定前行，积极探索新的发展路径，不断迈向共同富裕。

（2）强化"敢"的担当。在新时代的背景下，建设浙江共同富裕示范区要具有"敢"的担当。蚂蚁岛精神中的"敢"体现了浙江人民勇于面对困难和挑战的品质。在浙江共同富裕示范区建设中，面临各种复杂的经济、社会、环境等问题，需要有"敢"的担当，勇敢地应对挑战，积极寻求解决方案。蚂蚁岛精神的影响将激发浙江人民的担当精神，使他们更有信心和决心推动共同富裕示范区建设。

（3）锤炼"实"的作风。蚂蚁岛精神中的"实"强调务实和实干精神，这对于共同富裕示范区建设来说至关重要。浙江要实现共同富裕，需要真正的实际行动，而不仅仅是口号。蚂蚁岛精神将鞭策浙江人民坚持实事求是，注重实际效果，确保各项政策和举措能够切实惠及人民，推动共同富裕的目标落地生根。

在构建共同富裕示范区的过程中，浙江省彰显了其前瞻性的勇气和创新精神。在这种精神的驱动下，浙江在经济发展和社会进步领域成就显著。浙江省的这些经验和实践不只深化了中国特色社会主义现代化的理解，更向全国展示了一条可持续发展的路线。在这个历史性的转型过程中，蚂蚁岛精神扮演了至关重要的角色。它激发了浙江人民面对挑战的决心和毅力，推动着他们在共同富裕的道路上不断探索和进步，共同谱写着现代化的新篇章。蚂蚁岛精神既是舟山的宝贵财富，也成为浙江乃至全国的精神标识。这种精神在浙江推动共同富裕示范区先行中发挥了重要作用，提供了理论范式和实践样板。在党的二十大成功召开之后，坚持和发扬蚂蚁岛精神变得更加重要。我们需要继续培养和弘扬这种精神，特别是其勇于进取、敢于担当和扎实工作的优势，为推进共同富裕示范区的建设提供不竭动力。在蚂蚁岛精神的引领下，浙江省将继续在共同富裕示范区建设中扮演重要角色，引领全省乃至全国向着更加美好的未来迈进。

1.5.8 蚂蚁岛对建设浙江共同富裕示范区的意义

蚂蚁岛，承载着社会主义建设的理想与实践，是海岛人民对国家强盛、民族富裕情怀与担当的生动体现。它不仅具有深刻的历史意义，也在当代社会具有重要价值和现实意义。特别是在建设共同富裕海岛样板的背景下，蚂蚁岛精神在新时代的内涵更加凸显，它为我们提供了一种精神导向和实践路径。

1.5.8.1 践行人民至上理念，筑牢共同富裕的坚实基础

共同富裕的核心特征在于其全民性质，即它涵盖了全体人民。全体人民共同富裕的理念，更进一步明确了人民在共同富裕进程中的主体地位。这一理念不仅是对传统社会主义目标的继承，也是其发展和升华，它要求我们坚定不移地贯彻人民至上的理念，依靠人民群众的力量，充分激发他们的积极性，为实现共同富裕打下坚实的基础。

蚂蚁岛精神为我们提供了宝贵的启示，即人民群众是具有巨大潜能的实践主体，他们的创造力和智慧是实现社会发展和进步的关键。这种精神使得蚂蚁岛能够从一个贫瘠落后的渔村，变成中华人民共和国渔业的一面旗帜。这是因为蚂蚁岛充分发掘并利用了人民群众这一生产力中最活跃因素的潜能。他们不仅实现了"家家无闲人，人人有事干"，还做到了"晴天有活干，雨天也生产"，在每一个劳动场景中都迸发出无限的创造力和活

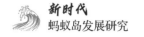

力，创造了发展的奇迹。

在高质量建设共同富裕海岛样板和现代海洋城市的过程中，蚂蚁岛精神的重要性不言而喻。我们需要最大限度地激发人民群众的创业热情和力量。如果忽视了人民的创造力和实干精神，共享发展的目标将无法实现，共同富裕也将成为遥不可及的愿景。因此，弘扬蚂蚁岛精神意味着我们要坚持人民是历史的创造者这一理念，尊重和发扬人民的主体地位和首创精神，积极引导他们参与到共同富裕的伟大实践中，实现"人人尽力，各尽其责，心往一处想，劲往一处使"的局面。我们需要积极推广勤劳致富的理念，鼓励人们率先致富，并采取先富带后富、先富帮后富的策略。这种方式能够充分激发全体人民的积极性、主动性和创造力，确保每个人都能成为共同富裕的参与者、贡献者和受益者。通过这种集体参与和共同努力，我们可以形成实现共同富裕的强大社会动力，进一步加速社会和谐与经济发展的进程。这不仅有助于缩小贫富差距，也促进了社会的整体福祉和稳定。

1.5.8.2 弘扬艰苦创业理念，为实现共同富裕提供不竭动力

共同富裕作为一个长期的奋斗目标，其显著特点在于过程的渐进性。这意味着我们必须深刻认识到实现共同富裕的长期性、艰巨性和复杂性，并做好持续艰苦创业的准备。正如习近平总书记所指出的那样，奋斗是一个长期的过程，需要几代人甚至更多代人的不懈努力。

蚂蚁岛精神深刻体现了艰苦创业的内涵，这一精神是蚂蚁岛人民在特殊的海岛生产生活环境中改变命运的基础。它促使他们从贫困中奋起，最终实现了小康生活。蚂蚁岛人民在中华人民共和国成立初期面临的困难，反映出了艰苦创业的必要性。在资源有限的情况下，他们利用岛上现有的条件，克服重重困难，不屈不挠，创造了海岛奇迹。

特别是蚂蚁岛妇女用 3 个月搓成 12 万斤稻草绳换来一艘大捕船的故事，生动展现了这种坚韧不拔、勇于创新的精神。这正是我们在高质量建设共同富裕海岛样板、高水平建设现代海洋城市的征程中要弘扬的。要解决的困难和挑战依然众多，我们需要从蚂蚁岛精神中汲取力量，坚持脚踏实地、艰苦奋斗的态度，勇于面对挑战，不断努力，持续奋斗。

因此，实现共同富裕是一个系统工程，不是短时间内就能完成的任务。我们需要全体舟山人民汲取蚂蚁岛精神的奋斗力量，坚持不懈地努力，共同克服道路上的一个又一个难题。只有通过一代代海岛人民的勤劳付出和持续接力拼搏，我们才能最终达到共同富裕的宏伟目标。

1.5.8.3 坚持共建共享原则，为实现共同富裕开辟有效路径

共建共享原则是共同富裕的核心要素，它不仅是共同富裕的重要属性，也是实现这一目标的关键途径。在共同富裕的理念下，我们追求的不仅是社会生产力的高度发展，更重要的是全体人民能共同分享社会发展的成果，共同享受富裕生活。这是社会主义本质的体现，也展示了中国特色社会主义制度的优越性。

蚂蚁岛精神深刻地体现了共建共享的理念。这种精神源自海岛人民在独特的海洋环境中的艰苦奋斗和共同生产。他们的生活方式——在浩瀚大海中捕捞，同船共济，形成了一种海纳百川、团结协作的文化基因，培育出了合作共赢、共建共享的"海洋命运共同体"精神。在新时代的背景下，弘扬蚂蚁岛精神意味着我们要不断提升共建共享的思维能力，积极推动共建共富的实践，确保共享的价值观在社会发展中得到体现，为共同富裕奠定坚实的基础。

目前，海岛人民正走在建设共同富裕示范区和高水平现代海洋城市的新征程上。他们的目标是到 2035 年，建立一个具有舟山特色的海岛共同

富裕模式，实现城乡居民收入接近发达经济体水平，并形成一个以中等收入群体为主体的橄榄型社会结构。为达到这一目标，我们一方面需要加快现代海洋城市的建设，确保社会财富的快速增长，另一方面还需构建一个群岛共兴、城乡共富、同舟共享的新格局。通过有效的制度安排，我们将推动社会财富的合理分配，确保舟山的发展成果能够更加公平地惠及全体海岛居民。这样，全市人民不仅能在共建共享中获得实实在在的利益，也能更加深刻地体会到共同富裕带来的获得感，真正实现全体人民的共同富裕。

2

筑梦与开拓

2.1 蚂蚁岛精神助力"中国梦"

蚂蚁岛精神，作为浙江精神的一个重要组成部分，特别是其作为全国唯一以海洋奋斗观为核心的精神，不仅是蚂蚁岛的动力源泉，更是展示新时代中国特色社会主义制度优越性的重要窗口。这种精神彰显了蚂蚁岛坚韧不拔、勇于创新和追求卓越的特质，对于建设和展示具有代表性的海岛风景线，具有至关重要的作用。通过这样的精神塑造和展示，蚂蚁岛不仅加强了自身的区域影响力，也为整个浙江乃至更广范围的社会和文化发展提供了示范。对于蚂蚁岛人民来说，他们以艰苦创业的激情、敢啃骨头的坚毅、勇争一流的斗志，坚定不移共同逐梦。

2.1.1 加强劳动精神教育

时代是思想的源泉，实践是理论的起点。蚂蚁岛精神的奋斗观正是理论与实践相结合的典范。在不同历史阶段，蚂蚁岛精神的形成、发展和创新，都是人民群众通过伟大实践检验的精神结晶，历久弥新。在新时代，弘扬蚂蚁岛精神，将其与劳动精神教育结合起来，不仅是促进人的全面发展的需要，也是培育时代新人、顺应时代要求的必要之举。蚂蚁岛的渔民在海上作业时，积极倡导同舟共济、团结互助，心往一处想、劲往一处使，各司其职、同频共振，最终取得丰收。在大后方，妇女们通过参加集体劳动，响应国家号召，勤俭持家，埋头苦干，支援前线。劳动贯穿了人成长、成熟和成功的全过程，只有亲身参与实践和劳动，才能更具觉悟力和行动力。

2.1.2 倡导典型示范敬业精神教育

崇尚先进、学习先进、争做先进的价值追求，反映了时代对向上向善氛围的要求。蚂蚁岛精神的奋斗观具体体现在各级党委和政府挑选和树立典型人物，为他们提供展示和分享的平台，接受表彰，并实事求是地在各地开展传帮带活动中。这种系统的工程努力营造了一种优化环境，使优秀的个体得到更好的发展。在蚂蚁岛精神形成的过程中，岛上共有 14 人获得国家级表彰，如全国绿化劳动模范盛再堂等。这些人物不仅代表集体参与高级别、高规格的会议，还在会议中进行中心发言，积极分享他们在实践中形成的经验和方法。通过向各级领导汇报，他们成功吸引了国家级会议在蚂蚁岛举行。蚂蚁岛还组织工作小组赴各地传递宝贵经验，促使其他单位前来蚂蚁岛进行现场考察和学习。这种活动不仅提升了先进人物的个人成长，还促成了一个良性循环，有效地利用和培养了人才。此外，为了进一步培养人才，蚂蚁岛还采取了专人定点、定岗培养的方法。这种针对性的培养策略不仅确保了人才的持续发展，也加强了人才的系统性培育，为蚂蚁岛及更广泛区域的发展注入了新的活力。这一系列的措施和努力显著提升了蚂蚁岛的人才培养和利用效率，使人才成为推动社会进步和文化传承的重要力量。

"我的父亲一件事做了一辈子，那就是种树。"谈及已故的父亲盛再堂，蚂蚁岛护林队原队长盛成芬难掩崇敬之情，"这片树林近3000株樟树就是他带着村民们一起培育、种下的。""小时候对父亲印象最深刻的是，他每天天没亮就上山，天黑了才回来，衣服湿漉漉的，还沾满了泥土和松毛。"盛成芬回忆，为了找到合适的树种，当时担任蚂蚁岛乡林场场长的父亲不断摸索，最终选择在山上种上油桐、香樟等。岛上绿化之路走得十分不易。为了更好地植树造林，盛再堂和当地干部凭着"蚂蚁啃骨头"的韧劲，一遍遍劝说村民把坟墓迁移到旁边的无人岛上。从此，生者安居大蚂蚁岛，死者安息小蚂蚁岛，成了蚂蚁岛村民共同遵守的约定。受父亲一生种树的感召，盛成芬也选择在岛上护林。"这片父亲为之付出一生的树林，现在是蚂蚁岛红色教育基地的重要组成部分。"盛成芬说，她想跟父亲一样，用自己的双手为蚂蚁岛留下更多绿色。如今，"啃"下了生态硬骨头的蚂蚁岛，致力于旅游生态岛建设。

九旬老人林阿信，曾于1955年前往北京，在人民大会堂作了《为祖国捕更多的鱼》的报告。老人回忆，受蒸汽火车的启发，他提出用烧煤替代烧柴的方式解决了捕鱼所用的网和绳都要用桐油栲的难题，使成本由八元降低到四元五角，缩短了栲的时间，大大提高了出海捕鱼的效率。从小舢板，到大捕船、机帆船，再到现代化船舶工厂，我们还有感于他们勇于创新的情怀。

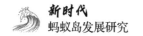
林妙珠的故事展示了非凡的勇气和坚韧。当时 16 岁的她从舟山水产技校毕业后，自愿投身于艰苦的海上捕鱼工作。她驾驶一只仅 3 米宽的小船，与 15 名船员共同出海，在吕泗洋海难事件中历经生死考验，还经历了海上机器故障的紧急维修。林妙珠回忆道："当年真是不怕苦不怕死。自己能在船上顶替一个男劳动力，觉得很自豪。"她的故事不仅是个人的成长历程，也是蚂蚁岛精神中坚韧不拔、无畏挑战的生动体现，展示了女性在传统男性领域中的突破和成就。

蚂蚁岛精神的奋斗观，经过历史的磨砺，仍然在新时代的人才培养机制中显现出其强大的生命力。在新时代的背景下，弘扬蚂蚁岛精神成为当地各级党委和政府的重要任务。通过发掘和宣扬模范先锋人物的故事，这些精神财富得以在更广泛的范围内传播。当地党委与政府利用融媒体矩阵，有效扩大了红色教育的影响力，与高校等教育机构实现了有效的联动。通过开发专门的红色资源课程，他们不仅讲述红色故事，也将蚂蚁岛精神中的坚韧、创新和奋斗精神纳入课程内容，这不仅丰富了教育资源，也使得奋斗精神在新一代中发挥了更大的引领和激励作用。这种教育方式不仅有助于塑造青年的价值观，也为社会培养出了具有责任感和使命感的新时代人才。

2.1.3 拓展家国情怀使命精神教育

蚂蚁岛精神的奋斗观深刻体现了家国情怀。在蚂蚁岛，这种精神不仅是理论上的表达，还通过每一个居民的实际行动得到了生动体现。在蚂蚁岛的发展历程中，无论是过去的建设、改革还是现在的发展，都离不开居民们的家国情怀和集体主义精神，如刘亚珠从一个童养媳到成为全国社会主义建设的积极分子，陆渭川书记带领群众创新渔业工具，响应"生活像八月大潮，一步高一步"的号召，再到 2017 年时任蚂蚁岛管理委员会主任徐军安领导岛上经营户北上上海、江苏考察学习，积极改进生产工艺和生产物资，实现了环保作业。此外，蚂蚁岛在红色教育基地的建设中也体现了这种精神。岛民们不仅积极参与庭院建设，而且还将经营的民宿等业务以集体供给的方式加入红帆公司进行统一管理运行。邹吉叶近 50 年的"勇争一流"的坚守，从 1972 年参加"三八"海塘建设的"六姑娘"之一到今日经营"蚂蚁排档"的"七东海渔嫂"之一，也是蚂蚁岛精神的生动体现。这些故事和经历不仅彰显了蚂蚁岛人民对家国的深厚情感，也表明了他们对于个人和集体发展的共同追求。通过坚持以人民为中心的发展思想，蚂蚁岛展示了个体的幸福和国家的繁荣是可以相互激发、相互砥砺的。这种精神和行动的统一，是实现共同富裕和社会主义现代化的重要基石。

回顾往昔，看历史变迁。1952 年，舟山第一个渔业生产互助组在蚂蚁岛成立。1953 年 7 月，蚂蚁乡长沙塘渔业合作社成为该区域第一个渔业合作社，标志着舟山渔区进入一个新的合作时代。这是一个里程碑事件，预示着渔业生产的集体化和社会化管理的初步实现。随后的进展更为显著，到了 1954 年 3 月，蚂蚁岛的 4 个渔业生产合作社实现了合并，使整个岛屿达到了"一岛一乡一社"的格局，为人民公社的形成奠定了基础。1958 年 9 月，蚂蚁岛建立人民公社。蚂蚁岛人民公社的妇女靠双手搓草绳为购置渔船积攒资金，蚂蚁岛成了浙江第一个实现渔船机帆化的海岛，更成为全国农村艰苦创业的典范。1960 年 3 月，全国海洋渔业现场会号召"把蚂蚁岛人民公社红旗插遍全国渔区"，蚂蚁岛成为全国渔业战线的一面旗帜。

为了深入宣传和传承蚂蚁岛的红色精神，2018 年蚂蚁岛精神红色教育基地正式启用，成为讲述蚂蚁岛故事的重要平台。这个基地不仅是历史教育的场所，也是灵感和精神传承的核心地带。

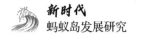
2.2 蚂蚁岛人物事迹

陆渭川：中共党员，蚂蚁岛早期创业领导人和带头人。20 世纪 50 年代初，他就担任蚂蚁岛的高级渔业生产合作社社长。1958 年，陆渭川担任蚂蚁岛人民公社第一任社长、党委副书记。1958 年 11 月，刘少奇同志来蚂蚁岛视察时在"南昌号"军舰上接见陆渭川。1959 年 9 月下旬至 10 月，陆渭川去北京参加庆祝中华人民共和国成立十周年大典，向中央领导及各地代表作了题为《蚂蚁公社光辉的五年》的汇报。

陈森林：蚂蚁岛第一个互助组发起人，是蚂蚁岛创业突出人物之一，进取心和艰苦创业意识较强，为蚂蚁岛渔业生产作出了较大贡献。1952 年 2 月土改结束，长沙塘村开始实行互助合作化，陈森林积极主动与长沙塘村民刘岳明、刘忠德成立了近洋张网互助组，这是舟山第一个渔业生产互助组。1953 年 7 月，舟山渔区首个渔业生产合作社——长沙塘渔业生产合作社，在陈森林互助组的基础上正式成立。这一成立为蚂蚁岛渔业生产合作社 1954 年 3 月的政社合一提供了必要的前提条件。在蚂蚁岛"组织起来走合作化道路，自力更生扬艰苦创业精神"的创业初期，陈森林是带路人和开拓者。

刘岳明：蚂蚁岛早期创业代表人物。1952 年 2 月，他与九村（长沙塘）陈森林、刘忠德三人组建蚂蚁岛第一个互助组，为全岛组建互助组起到了示范作用。1953 年 3—4 月，他曾以渔民代表身份，参加中国人民各界代表第二次赴朝鲜慰问团，去朝鲜慰问中国人民志愿军。他曾先后担任蚂蚁岛渔民互助组组长、蚂蚁岛长沙塘村书记等职，为蚂蚁岛的发展贡献了全部精力。

李根纪：蚂蚁岛创业开拓者之一。他是 20 世纪 50—60 年代渔业捕捞带头船老大，带领全社渔民扎扎实实地抓好远洋生产。1956 年春，他试捕蚂蚁岛第一对机帆船，喜获丰收，为以后发展机帆船打下了良好的基础。当年下半年他出席了浙江省第五届劳模大会，获得奖章。他曾先后担任过蚂蚁岛渔业高级社社长、蚂蚁人民公社副社长、乡船厂厂长等职。1990年，浙江省水产局因他在渔区乡村和劳动三十年以上、为浙江省水产事业作出了显著贡献而向他颁发了荣誉证书。他为蚂蚁岛的经济发展和全省的水产事业发展立下了不朽的功勋。

徐明表：蚂蚁岛创业开拓代表人物之一。20世纪50年代后期至70年代中期，他是蚂蚁岛远洋作业能手，是远洋机帆船队指挥老大。全社渔船在他的带领下，上嵊山，下大陈，战吕泗，为壮大和巩固蚂蚁岛公社渔村作出了突出贡献。他所在的生产单位，产量、产值一直名列首位。1958年12月，他参加了全国农业社会主义建设先进单位代表会议，并代表蚂蚁岛接受了国务院颁发的"全国农业社会主义建设先进单位"奖状。

李阿旺：蚂蚁岛早期创业领导人和带头人，担任过蚂蚁乡第一任乡长等。20世纪50年代初，他带领全岛渔民走合作化道路，组织互助组、协办合作社、小社并大社，实现全岛五社合一。他领导渔民组建高级社，倡导自力更生，勤俭办社，提高公共积累，在实现远洋机帆化等发展渔业生产方面进行了不懈的努力。

陈阿毛：蚂蚁岛第一任公社党委书记。他于1951年参加工作，曾任沈家门镇渔业大队大队长、县委组织部副部长等。1958年11月，他在蚂蚁岛向前来视察的时任中共中央副主席刘少奇汇报了蚂蚁岛自力更生、艰苦创业的进展情况。

夏金棠：蚂蚁岛创业开拓代表人物之一。1952年，他组织互助组，坚定走合作化道路，为蚂蚁岛自力更生发展渔业、实现远洋机械化做出了贡献。在20世纪50—80年代初期，他曾担任互助组组长、长沙塘大队、后岙大队、远洋大队党支部书记，蚂蚁人民公社社长、副主任等职，还担任

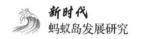

过远洋带头船老大。他始终深入生产第一线，带领广大渔民日夜奋战在渔场。他所在的单位捕捞产量、产值始终保持领先地位。曾多次被评为地、县级劳动模范，优秀党员和先进生产工作者。

盛再堂：蚂蚁岛创业开拓代表之一。20世纪50—60年代，他曾担任村团总书记、村党支部书记、公社团委书记、公社党委委员等职。1959年，他参加第二次全国青年社会主义积极分子大会，在会上作了题为《建设社会主义的蚂蚁岛》的发言，并获得奖章一枚。1967年起，他担任蚂蚁岛乡林场场长，在蚂蚁岛的绿化事业上倾注了他的全部精力，使蚂蚁岛成为远近闻名的海岛绿化优美乡镇。盛再堂曾获得"全国绿化劳动模范"等荣誉称号。

刘亚珠：蚂蚁岛妇女创业代表人物之一。20世纪50年代中期至60年代初期，她先后担任蚂蚁乡人民政府副乡长，人民公社副社长、副主任等职。在自力更生、艰苦创业中，她发动妇女搓草绳，积资金，支援渔业生产，充分发挥蚂蚁岛妇女"半边天"作用。1959年，她参加了浙江省青年妇女建设社会主义积极分子大会。1958年11月，她去北京参加了全国妇女建设社会主义积极分子代表大会，获奖章1枚。1962年，她当选为浙江省妇代会代表。

王福祥：蚂蚁岛创业开拓代表之一。1959年上半年，22岁的他就当选为机帆船老大，是舟山渔场200余对机帆船老大中最年轻的一员。由于生产、工作出色，同年10月，他当选为浙江省第三次团代会代表。1972年，他试捕蚂蚁岛第一组灯光围网作业，取得捕捞上层鱼大丰收，打响了蚂蚁岛灯围生产"第一炮"。1976年7月—1983年2月，他担任远洋捕捞指挥老大，其所在的生产单位的产量、产值在全县一直名列前茅。1983年以后，他担任过兰田岙大队大队长等职，曾多次被地、县两级党委、政府授予"劳动模范""优秀党员"和"先进工作者"等称号。

2.3 蚂蚁岛上的创业故事

2.3.1 夏多月：余生见证自己双手创造的幸福

1963 年，中央新闻纪录电影制片厂制作的《在人民公社的大道上》纪录片中，记录了夏多月的一幕：她梳着两条粗大的辫子，坐在码头上修补渔网，微笑着露出整齐的白牙。

夏多月，出生于 1943 年，历任蚂蚁岛长沙塘村团支部书记、女民兵连连长。她还曾在长沙塘大队的幼儿园教书、任食堂帮厨，以及在蚂蚁岛公社卫生院担任过见习医生，现仍居住在蚂蚁岛。

● 旧时困苦与新时代的幸福转变

夏多月是家中最小的一个，有 4 个姐姐和 1 个哥哥，家族习惯在女孩名字中加入"月"字，她因此被命名为"多月"。她出生于一个极度贫困的家庭。

蚂蚁岛在中国共产党的引导下建立了合作社和互助组，大力发展当地经济，改善了居民的生活条件。7 岁那年，夏多月首次踏入校门，开始了她的学习生涯。

1958 年，15 岁的夏多月完成小学学业，并因优异的成绩被送往定海海军医院（现称东部战区海军医院）接受医学培训。学成归来后，她被任命为蚂蚁岛公社卫生院的见习医生，她的工作得到了社区成员的广泛赞誉。她还参与了前往嵊山岛的医疗任务，为受伤的渔民提供急救。

● 手创幸福的岁月

夏多月在社会主义的光辉照耀下抓住了每一个学习与成长的机会。在

蚂蚁岛人民公社卫生院服务 2 年之后，她根据公社的安排转至当地幼儿园，担任保育员。她记得幼儿园设施齐全，冬季有供暖设备，吊床上还挂着玩具，孩子们在这里快乐成长，她说："幼儿园的孩子们总是笑声不断，我们提供的关怀让他们身心都非常健康。"

夏多月还曾是村里的团支部书记和女民兵连长。回忆起当女民兵连长的日子，她兴奋地说："我那时候射击非常准确，经常获得奖励。即便年纪大了，去沈家门的时候，我还喜欢参与射击游戏，总能赢得周围人的赞扬。"她的出色表现使得她多次荣获公社优秀社员和优秀团员称号，她自豪地表示："我们蚂蚁岛有一种精神——'勇争一流'，幸福确实是要靠自己的努力创造出来的。"

● 建设蚂蚁岛：无怨无悔的努力

1972 年，蚂蚁岛公社党委发起了"苦战三年，围海造田"的号召，获得了广大妇女的热烈响应。其中，300 多名渔嫂组成了壮观的筑塘娘子军，夏多月也是这支队伍中的一员。她们用简单的工具和不懈的勤劳，面对极端的自然条件和重重困难，展示了不凡的毅力和智慧。

夏多月回忆道："建设海塘非常艰苦。我们要追赶潮汐，白天两次涨潮我们必须让出海塘，只有潮水退去时才能工作。很多时候我们凌晨就开始劳动，没有电灯，只能用泥螺灯照明，下雨天则用桐油涂过的布作雨衣。"尽管条件艰苦，她们仍坚持在严寒中工作，不顾手脚冰冷和身体的疲惫。

夏多月这样描述那个时代蚂蚁岛的生活："那时男人们多半在海上捕鱼，岛上的所有农活和重劳作几乎都由妇女承担。即使是种植番薯这样看似简单的工作，也是体力上的巨大挑战。"她提到，自己和其他女性一样，虽然干过许多艰苦的活，但从不抱怨。

此外，夏多月还参与了岛上的传统产业——海蜇的捕捞与加工。"加工海蜇比筑海塘还要苦，因为需要大量的盐，而且经常需要在海水中长时间工作，这对身体是极大的考验。"尽管如此，夏多月和她的伙伴始终无怨无悔，共同肩负起岛上的生产责任。

● 夏多月的幸福晚年

在 1967 年的劳动中，夏多月结识了勤劳能干的吕昌年，两人不久后喜结连理，携手打造了一个温暖的家庭。吕昌年常指着他们亲手修建的家说："看这每一砖一瓦，都凝结着我们的汗水。如今能享受这样的生活，真是幸福至极。"夏多月感慨地说："我从一个连存活都困难的女婴，到如今能享受这样的生活，全都得益于党的好政策。"

夏多月仍然不愿意闲着。她上午在码头补网，下午帮儿子在船上补网，傍晚还要在自家地里忙碌。她的生活虽然变得轻松许多，但那份勤劳的精神一直伴随着她，成为她幸福生活的一部分。

2.3.2 水产养殖专家李才根：蚂蚁岛第一位大学生，向海洋索取财富的先行者

1960 年，李才根考入当时的浙江农业大学水产学院（浙江海洋大学前身）。这在 20 世纪 60 年代，对于李才根的家乡蚂蚁岛来说，是一件值得敲锣打鼓、奔走相告的大喜事，因为他是蚂蚁岛上的第一个大学生。

李才根的父辈、祖辈都是渔民，到了他这一辈，才出了一个大学生。他说，自己非常幸运，依靠着人民助学金和减免学费，从小学读到了大学毕业。

1946 年秋，已经 10 岁的李才根才上小学。学校设在一处四合院内，院子算是操场，立着一根旗杆。到了小学三年级下半学期，李才根所在的

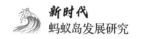

班级学生仅剩 3 名，其他班级的学生也所剩无几。正因如此，学校停办了。后来，他又分别去蚂蚁岛的穿山岙私塾学堂、长沙塘小学以及桃花中心小学读了几年。

1954 年，李才根小学毕业，在任课老师许志达的带领下，他离开蚂蚁岛去沈家门赴考。那年，有 11 名学生考入私立沈家门初级中学（普陀中学的前身）。

1957 年，李才根和其他三名同学考入浙江省定海县中学（舟山中学的前身）。初中毕业时，他写过一篇题为《掌握技术，向海洋索取财富》的文章，刊登在当时的《舟山报》上。这一时期，他的家里经济比较困难，他靠助学金完成学业。

至今他还记得，自己在高中学几何时，蚂蚁岛人民公社资助他七角二分钱买了一副不锈钢圆规。这副圆规也承载着当年海岛父老对学子的深深期许，一直被他珍藏着。

从岛上没有一个中学生，到出现第一名大学生，蚂蚁岛的教育事业蓬勃发展。1958 年，蚂蚁岛创办了第一所渔业中学。同年 7 月，蚂蚁岛人民公社的海上中学在洋山渔场正式开学上课。全岛扫除了文盲，普及了小学教育，广大社员迅速提高文化水平，适应了渔业生产向机械化、电气化、动力化方向发展的需要。

李才根说，蚂蚁岛人民在党的领导下，不但在政治和经济上翻了身，而且普遍提高了文化水平，从而大大促进了渔业生产的高速发展。

1984 年，舟山水产学校（浙江国际海运职业技术学院的前身）创建。李才根清楚地记得，学校坐落在当时定海城东郊背山临海的港口浦。成立之初，学校借用了舟山商校的旧校舍和一家农村工厂的旧厂房，借调、聘请了一批教师，当年 9 月正式招生开学，自己就是在那个时候从一名科研人员转行成为教师的。

李才根回忆，建校之初，学校没有教学仪器，没有文体器材，师资严重不足。从浙江水产学院调来担任学校党支部书记的杨存康以及从浙江省海洋水产研究所调来担任学校负责人的水产研究员骆惠，带领教职员工勤俭创业，师生自己动手采集、制作了数百种海洋生物标本。

20世纪五六十年代，舟山大黄鱼产量很大，但加工方式只有一种——晒鱼鲞。身为渔家子弟，李才根考大学的时候首选的就是水产加工专业，他一心想为海岛的水产加工业发展做一些贡献。后来他如愿以偿地考进了浙江农业大学水产学院水产加工专业。然而好事多磨，1962年学校专业调整，水产加工专业被取消，李才根只好在水产养殖跟水产捕捞两个专业中选择了水产养殖。

没想到这个选择让他成为舟山水产养殖业的专家。1978年，国内开始养对虾，这也是李才根真正开始搞养殖研究的第一年。"那时候养的对虾不是现在的南美白对虾，而是东方对虾，又叫中国对虾。"他说，"国内还没有人搞这个，我们是第一批搞的。"

20世纪80年代末，定海的大沙、长峙以及岱山的东剑、东沙、岱中等地的对虾养殖有较快发展，但养殖技术骨干力量不足，提高养殖人员技术水平成了这些地方的当务之急。李才根便到各地帮助开办技术培训班，传授对虾育苗和养殖技术并帮助养殖户初步掌握对虾养殖管理技术。

李才根为了推广对虾养殖技术，编了一本通俗读物《对虾养殖技术问答手册》，书里介绍了他的养殖经验、国内外对虾养殖科研信息等。这本书后来成为众多对虾养殖户的必读物。之后，李才根还陆续撰写了10余本水产科技图书，发表了100余篇论文，其中10余篇被国内相关部门评为优秀论文。

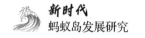

2.3.3 盛再堂，"绿水青山就是金山银山"理念的先行者

今天的蚂蚁岛，空气清新，满眼葱翠。自1955年起，我国开始有组织、有计划地推进植树造林和绿化祖国的活动。

历史上，自然造就的蚂蚁岛就是一座光头山，山下是乱石泥沙。而这一切，都在盛再堂的手里变了样。

1933年出生的盛再堂是家中长子，家中弟妹众多，从小艰苦的生活环境培养了盛再堂特别能吃苦、特别有担当的品质。担任长沙塘村第一任支部书记后，盛再堂干劲十足，充满斗志。因为工作业绩突出，盛再堂在1958年被评为"全国青年社会主义建设积极分子"。

1964年，蚂蚁岛正式成立了林场，开始了系统植树造林绿化荒山的壮举，但是由于自然条件及技术条件制约，前期种植效果并不如意。1967年，盛再堂被委以重任，出任林场场长，带领从五支大队抽取的数百人，数十年如一日，用啃骨头的精神全心全意致力于建设蚂蚁岛山林工作，终于使原来不见林的荒岛，变成了海上绿洲。1760亩荒山全部绿化，又发展了用材林470亩。这既为集体提供了渔业用材，又实现了山林积累，走出了一条"绿水青山就是金山银山"的生态致富道路。盛再堂带领大家边整山边种树，奠定了生态岛的基石。

要在蚂蚁山上种树有两大困难：一是蚂蚁岛风大，土层薄，天然不适合树木生长；二是自从第一代周姓渔民数百年前在蚂蚁岛安顿下来以后，相继外迁而来的渔民世代在此依据山形地貌开辟了大岙、后岙、长沙塘等定居点，几代人的坟墓就近安葬在这蚂蚁山上。因此摆在盛再堂面前的是两道坎，他既要同贫瘠的自然条件作斗争，又要着手改变老百姓的传统思想，无论哪个都不容易。

盛再堂坚持因地制宜科学种树，他带领以妇女为主的山林专业队，翻掉了超过 1000 立方米的乱石，垒起 70 多条石坝，根据蚂蚁山的山形特征与土层特点合理制订了种植方案，山顶种黑松，山腰种杉树，山脚种樟树。通过松杉混交群体栽植方式，发挥松树对杉木的保护促进作用，使得蚂蚁岛这样土壤条件较差的地方，也可以成功栽植杉木。他还成立了专营绿化造林的山林专业队，对收子、育苗、造林、护林、取材等全套实行系列化、制度化管理。

为了更好地植树造林，盛再堂顶着压力，鼓励村民把坟墓迁移到旁边的无人岛上。平坟移墓，深深冲击了村民世代流传下来的殡葬观念，支持者是少数，不理解者有之，激烈反对者有之，盛再堂硬是顶着巨大的压力，一家一家地做工作，一户一户地跟人解释整山种树的好处，终于成功带领团队将 400 多个坟堆全部迁到一湾相隔、无人居住的小蚂蚁岛上，推进了蚂蚁岛的殡葬改革，奠定了生者安居大蚂蚁岛，死者安息小蚂蚁岛的生态格局，这个制度一直延续至今，充分释放了海岛有限的土地资源。

如今蚂蚁岛上林木茂密，形成了独具特色的海岛生态环境。

植树是盛再堂毕生的事业，也是几代人的事业。蚂蚁岛曾有杉木基地 240 亩、毛竹基地 50 亩、青皮竹基地 30 亩、黑松基地 320 亩……为了守住这些宝贝，盛再堂吃饭睡觉也不安稳。有人在盗树了，盛再堂赶紧扔了碗筷，冲向密林现场，偷盗的人要么仓皇而逃，要么软硬兼施，但是盛再堂铁面无私。有人在背后非议他，有人在深夜捡了石头扔破了他家的窗户，盛再堂都没有退缩，他说："我做的是问心无愧的事情，是对子孙后代有益的事情，那就行了。"

如今蚂蚁岛新的建设者们秉持生态建岛的理念，坚定不移地践行"绿水青山就是金山银山"理念，积极投身环境整治，虾皮加工走上绿色之路、垃圾分类处理运行实现常态化、全岛实现雨污分流，将盛再堂们留下的"绿水青山"遗产转变为造福百姓的"金山银山"。

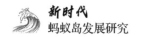

2.3.4 红旗下的蚂蚁岛创业史——李雪浓访谈录

1953 年，蚂蚁岛在渔改运动的基础上，发展了 3 名党员，建立了临时支部，当年只有 18 岁的李雪浓感受到了党组织成立前后蚂蚁岛的变化，她积极要求入党。据李雪浓回忆，解放前蚂蚁岛的群众生活极为凄惨，1949 年国民党残匪窜到蚂蚁岛后，无恶不作。当时全岛 586 户人家中有一半以吃野菜为生，求乞过活的有 18 户，还有 14 户人家卖了子女。渔民日夜挣扎在死亡线上，全岛有 90% 以上的人都是文盲。

同样目不识丁的李雪浓下定了决心要跟党走，1954 年，年仅 19 岁的李雪浓不仅入了党，还担任起了蚂蚁岛长沙塘村妇女主任、农业队队长。在党的领导下，她决心在短期内摆脱贫苦和愚昧，建设社会主义的蚂蚁岛。

这一年，蚂蚁岛实行一岛一乡一社，政社合一。初办社时为了发展生产，解决劳力出路，增加收入，经研究决定组织远洋生产，但当时社员们一无所有。李雪浓就把蚂蚁岛上的妇女都组织起来，凭着聚水成涓的精神，以身作则，发动长沙塘妇女不分昼夜搓草绳，有些妇女手心都搓出了血泡，连草绳上都是血。她们凭卖草绳的收入给集体购置了一艘大捕船。为进一步筹集资金购买机帆船，社里召集社员代表商量对策，李雪浓就带头捐款捐物。蚂蚁岛妇女过去几乎都是文盲，她们有诸多不正确的看法，如有的认为"不生产肚子要饿，学习文化肚不饱"，大人事情多，思想不集中，要想学文化，除非"换过胎"。李雪浓抓住一切机会学习，她以自己为例向妇女们进行形势教育、前途教育，并告诉她们生产与文化的关系，让蚂蚁岛妇女慢慢明白了"近洋机帆化，远洋机帆化，没有文化不能化"。从此以后，妇女们的学习积极性空前高涨，不论在什么地方，只要一有空她们就进行学习。

1954 年的"三八"节前,李雪浓带领蚂蚁岛妇女提出了"三八"绿化的洪亮口号。李雪浓组织了 340 多个妇女建造"三八林",她们不仅在本岛上造林,甚至在 5—6 级大风里驾驶 6 艘张网渔船,扬帆向蚂蚁岛附近的小岛挺进,要给它们穿上绿衣。因为杰出的绿化表现,蚂蚁岛得到了"绿化海岛,一马当先"的锦旗。1958 年,李雪浓获得了"浙江省农业社会主义建设先进个人"称号。

1972 年,蚂蚁岛人民公社党委做出发动妇女围塘造田的决定,得到广大妇女的热烈响应。李雪浓积极组织长沙塘妇女报名参加,组织近 100 名长沙塘妇女参加后呑至长沙塘间的"三八"海塘建设。这些妇女在李雪浓的带领和指挥下,在海塘建设第一线充分发挥了巾帼作用,她们努力奋战,不怕苦,不怕累,一心建好海塘。

3

蚂蚁岛与"海洋浙江"

3.1 蚂蚁岛与"海洋精神"——人类命运共同体

蚂蚁岛精神，深植于海洋文化之中，是在独特的海洋背景下孕育而成的。蚂蚁岛，凭借其独特的海洋地理特征，成为浙江文明发展的一个重要方面。在浙江人民千年的社会实践中，孕育并传承下来的"浙江精神"融合了丰富的海洋文化元素，其中海洋精神是其核心部分。蚂蚁岛的海洋文明，与传统的农业文明相比，展现出独有的特征。海洋文明的形成，依赖于广阔的海洋空间，通过航海和贸易等海上活动与外部世界交流互动。海洋文明既具备商业活动的特性，也具有航海活动的特质。蚂蚁岛精神等海洋精神，作为海洋文明的精髓，体现了海洋群体在依赖海洋的商业和其他活动中形成的价值取向和精神品质。

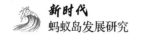
中国的海洋精神价值取向强调依海而立、向海而兴，将主体的命运与海洋紧密联系起来，体现主体在海洋面前的本质力量，这也符合海洋命运共同体的价值取向。相比之下，近代西方的海洋人文价值更强调冒险、殖民、征服和海权控制。在现代社会中，海洋被视为可持续发展的宝贵资源和重要基地。21世纪的海洋精神价值取向显然更为合理和进步，它强调以人为本，反对强权和霸权，以和平与和谐为目标，追求发展。

3.1.1 海洋命运共同体的天人合一观

中华文明自古崇尚天人合一、道法自然。海洋思想中的自然生态观念认为，人与万物是一个有机整体，彼此相互联系、共存共生。自然界和其他生命体各有其存在的价值和规律，强调反对干预自然，追求人与自然的和谐共生。

在面对自然时，人类应对自然怀有敬畏之心，尊重自然、顺应自然、保护自然，共同守护这不可替代的地球家园。我们必须摒弃那些损害甚至破坏生态环境的发展模式，以及以牺牲环境为代价换取短期发展的短视行为。与天人合一观一脉相承的可持续发展理念，已经得到世界各国的普遍认同。发展是人类不断追求的目标，对自然的开发利用是发展的必经之路，但不遵循自然规律的发展是无法持续的。海洋生命共同体的可持续发展已成为国际社会的共识，并形成了一系列理论主张。可持续发展的核心是发展，但要求在资源可持续利用的前提下实现经济和社会的进步。天人合一观将自然的保护与利用放在同等重要的位置，对防止和纠正人类对自然的过度开发和破坏性利用有着更强的针对性和前瞻性。

天人合一观体现在海洋命运共同体上，就是要求人类在与海洋的相处中，敬畏海洋的自然属性，尊重和顺应海洋生态系统的运转规律，保护海洋的生物多样性，坚持对海洋的有序开发利用，防止人类的生产和生活对其造成严重破坏，从而实现人类与自然的共同发展。当前出现的生物多样性退化、渔业资源减少、海水酸化、珊瑚白化等海洋生态问题，是人类对海洋的破坏所致，是海洋对人类发出的警告。

在陆域资源约束日益强化的今天，海洋可以为经济发展提供坚实的基础和广阔的空间，向海洋发展是大势所趋。在开发利用海洋时，坚持天人合一的理念，注重保护与开发并重，可以提高海洋的内在生命力和自我修复能力，为人类发展提供源源不断的资源。同时，海洋只是地球生态系统的一部分，对海洋生态的保护不能仅局限于海洋本身，还需要关注和保护地球的其他生态子系统，如陆地系统、大气系统等，需坚持陆海统筹、陆海联动、综合保护。

蚂蚁岛是一个沿海的小岛，岛上的人民在与海洋的长期互动中，形成了海纳百川、兼容并蓄的精神。在傍海而居、出海而航的生活和生产实践中，蚂蚁岛人培育了勇于冒险和开拓的精神风貌，造就了不畏艰难、敢于挑战的精神特质。

3.1.2 走向未来，构建海洋精神

海洋开发正进入一个全新的阶段，成为世界各国获取新资源、拓展生存空间、推动经济与社会发展的战略重点。海洋领域已成为新一轮产业革命的前沿之一。目前，全球正在掀起一轮新的海洋开发热潮，各国纷纷加大对海洋开发和港口建设的投入，发展海洋高新技术，提升海洋经济实力，这已成为全球海洋经济发展的共同趋势。海洋是浙江的一大优势资源，浙江的海岛数量与海岸线长度在全国居于前列，港口运输业、海洋渔业和海洋旅游业在全国都占有重要地位。浙江的海洋资源极为丰富，海洋经济发

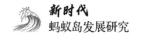

展潜力巨大。浙江省拥有众多天然良港，这为其海洋经济的发展提供了独特的优势，显示出该地区在海洋经济领域的巨大潜力。

浙江省人民应以开阔的视野"看海洋"，积极迈向"蓝色文明"，力图打造"海上浙江"。为实现这一目标，必须先从观念上做起，精神上引领，增强全省人民的海洋国土意识和经济观念。基于传承和发展先辈的海洋精神，培养和建构适应新时代的海洋精神。这是浙江新时代发展的需求，也是实现现代化、面向世界和未来的关键。"人无精神不立。"新时代的浙江人急需树立一种海洋精神，以适应"海洋时代"。总之，浙江人应树立一种"面向海洋、瞩目世界，敢于闯海、搏击潮流，经世致用、勇于创新，乐于开拓、取得先机，追求开放、奋发有为，海纳百川、包容大度，立足蓝海、迎接挑战"的精神。这种精神，即现代海洋精神，应成为21世纪蚂蚁岛乃至整个浙江的核心精神。

自中华人民共和国成立以来，蚂蚁岛因其不屈不挠的精神和坚持不懈的努力，多次获得党和国家的高度表彰。这些成就不是偶然，而是蚂蚁岛精神代代相传、不断奋斗的结果。近年来，蚂蚁岛围绕"精神立岛、渔业稳岛、生态建岛、工业强岛、旅游兴岛"的发展战略，已成功塑造了"红色基因，和美家园"的形象，展现了从艰苦创业到创新创业的美好转变。

3.1.3 蚂蚁岛的海洋特质

蚂蚁岛的海洋特质主要体现在蚂蚁岛人民与海洋的关系处理中。蚂蚁岛人民不仅认识和依赖海洋，还善于利用和保护海洋，这展示了蚂蚁岛通过海洋富裕民众、兴旺产业和强化岛屿的独特海洋精神。首先，蚂蚁岛人民表现出依靠海洋生存和发展的坚韧创业精神，他们最大化利用海洋资源，通过激发自身的内生动力，不懈努力推进社会主义富裕海岛的建设。他们还注重节约和合理分配资源，妥善管理公共积累与消费的关系，在确保群众利益的同时，促进公共积累快速增长和生产发展。

此外，蚂蚁岛人民以改造自然环境的坚决态度，积极开拓滩涂和围海造地，以 1970 年的围海造地运动为例，他们用原始工具和勤劳的双手书写了壮观的发展篇章。同时，他们不断推动渔业生产技术的进步和创新，1958 年渔业生产中的技术革新活动便凸显了渔民的智慧和创造力。

3.1.4 蚂蚁岛中的"敢为人先"精神

蚂蚁岛人民凭借敢为人先的精神，在浩瀚的海洋中开辟了新的发展空间。他们不仅创建了舟山地区首个渔业人民公社，还在多个领域取得了舟山乃至浙江和全国的领先成就，"勇争一流"精确体现了蚂蚁岛的精神。在体制和生产方式上，蚂蚁岛人民勇于创新，首创渔业生产互助组和合作社，并建造了区域内第一对机帆船，开启了机帆船捕捞的新时代。此外，他们在生产工具的变革上不断突破，从小型船只和渔网发展到大型捕捞船和机帆船，最终实现了远洋生产的机帆化，显著推动了蚂蚁岛海洋经济的发展。

3.1.5 与海共生的精神

蚂蚁岛居民早已认识到了与海洋和谐共处的重要性，并全力以赴保护这一环境。他们通过封山育林建设生态公园、实施绿色殡葬改革、整治渔港、优化海产品加工工艺等措施来保护环境，同时也促进了经济与生态利益的共生。目前，岛上的居民区、工业区、养殖区、森林保护区、水资源保护区等生态保护区已经体现了良好的生态效果，蚂蚁岛因其出色的环保工作获得了多项荣誉称号，成为展示人与自然和谐共存的典范。

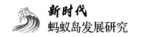
3.1.6 浙江的向海开放精神：不断学习与开拓进取

历史经验表明，重视海洋的国家往往兴盛，而忽视海洋的国家则可能衰落。海权的强弱与国家的强弱息息相关。浙江人生活在融合山海优势的环境中，这种独特的地理位置使他们受到多样文化的影响，集山之韧劲与海之胸襟于一身。他们结合内陆文化的吃苦耐劳与海洋文化的开拓精神，勇于冒险，不拘泥于常规。

蚂蚁岛人民在发展海洋经济中始终坚持学习与创新，不断吸取国内外先进的渔业经验。例如，1956年，他们改革了传统的张网方法，引进了既能保护幼鱼资源又能提高效率的"虾板子网"技术。到了1972年，蚂蚁岛成为舟山地区最早试验和推广机帆船灯光围网技术的先行者。改革开放后，蚂蚁岛渔民还向广东学习了深水围网技术，促进了近海渔业的快速转型。

蚂蚁岛的海洋精神不仅与其地理环境密切相关，而且是其人民在社会主义建设中不断实践与探索的自然产物，体现了他们自发与自觉的统一。

3.1.6.1 蚂蚁岛精神与其独特的地理环境及人文气质相协调

大陆与海洋的截然不同环境塑造了不同的思维模式和生活观念。在这种环境的影响下，蚂蚁岛人的生存状态和方式经历了融合与升华，逐步形成了一种与其地理环境紧密相连的品格力量、精神气质和思维方式。这种地理因素在区域发展中发挥着无可替代的作用，深刻影响着蚂蚁岛人民的行为和决策。特别是在蚂蚁岛，这种环境对于塑造岛民的集体人格起到了决定性的作用。蚂蚁岛的陆地面积不大且自然条件较为恶劣，但岛民在资源不足的情况下，在党的领导下，展现出了强烈的主观能动性和团结协作的精神。自中华人民共和国成立以来，蚂蚁岛人民在充分利用海洋资源的同时，也展示了他们的创造性和解决问题的能力。他们懂得扬长避短，在资源受限的情况下，依然能有效发展。他们采用多元化的发展策略，"宜港则港、宜渔则渔、宜养则养、宜工则工、宜贸则贸、宜游则游"，有效形成了发展优势，实现了从落后到先进的历史飞跃。

3.1.6.2 蚂蚁岛与海洋渔区的社会主义建设

在蚂蚁岛的初期建设阶段，当地人民就已经意识到了社会主义组织建设的巨大优势，并积极参与到渔区的社会主义改造中。他们利用社会主义体制能够集中资源办大事的制度优势，通过团结协作推动了制度创新。这包括在公社内进行劳动力调配和技术交流以增加公共积累，以及推行生产分工，将全岛转变为一个高效运作的生产整体。这种组织化使蚂蚁岛形成了具有独特海岛特色的社会主义共同富裕模式。

海洋渔业的高度组织化特性与社会主义制度的优越性天然契合。在海洋渔业生产中，不仅生产工具需要集体化管理，海上生活的支持也依赖于社会化生产。社会主义制度，基于集体主义、合作、共享和互助的原则，完美适应了海洋渔业的生产需求。蚂蚁岛人民的团结和协作精神，使他们在社会主义制度框架下释放了巨大的集体能量，为渔区社会主义建设贡献了力量，并塑造了值得纪念的历史成就。

3.1.6.3 蚂蚁岛精神与舟山海洋文化的共鸣

蚂蚁岛精神与舟山的海洋文化密切相关，实质上是舟山精神的一部分。这种精神反映了蚂蚁岛人"勇立潮头"的品格，他们以开拓进取、创新求变的态度，面对挑战，勇敢探索未知领域。他们的坚韧不拔和吃苦耐劳让他们能够在不断的挑战中创造奇迹。"海纳百川"展示了蚂蚁岛人开放的心态，他们乐于吸收人类文明的各种成就，这种精神在岛民的日常生活中表现为不断学习和改进渔业生产技术。这不仅体现在技术层面，还包括适应生产力发展需要的生产关系革新。蚂蚁岛精神的发展历程中，"同舟共济、求真务实"的特质也一直是岛民应对各种挑战、推动社会进步的重要支撑。

而"同舟共济"则强调了团结协作、共同克服困难的重要性。"求真务实"是蚂蚁岛精神的核心要素之一，强调对事物本质的深刻理解和对规律的精确把握。蚂蚁岛精神的成长历程体现了岛民顺应海洋开发规律的努力和他们不断探索海洋经济发展道路的实际行动。从无船到造船，从近海捕捞到远洋捕捞，从木船到钢船的转变，从单一的捕捞业务到综合的养殖和加工，再到植树造林和码头环境的整治，每一步的进展都体现了蚂蚁岛人民的"求真务实"精神和他们在创业道路上的坚持和努力。

4

蚂蚁岛与共同富裕

  "八八战略"是在 2003 年 7 月浙江省委十一届四次全体（扩大）会议上提出的发展规划。该战略包含两大核心要素：一是利用浙江在八个关键领域的现有优势；二是在八个重要方面推进具体的发展措施。这一战略的目的是为浙江省的未来发展提供指导，以增强其整体竞争力和可持续发展能力。《中共中央国务院关于支持浙江高质量发展建设共同富裕示范区的意见》，阐明了党中央、国务院支持浙江高质量发展建设共同富裕示范区的战略意图，并明确了示范区的顶层设计，这标志着共同富裕走出了从理论向具体实践的关键一步。

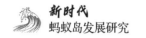
4.1 共同富裕的具体内容

习近平总书记的论述明确指出，共同富裕不仅是马克思主义的基本目标，而且是中华民族自古以来追求的理想。这一理念在浙江的实践中得到了特别的重视和推动。共同富裕是社会主义的本质要求，实现共同富裕是我们党的重要使命，也是浙江推动高质量发展的基本目标。

共同富裕显示了明显的时代特征和中国特色，全体人民通过辛勤劳动和相互帮助，普遍达到生活富裕富足、精神自信自强、环境宜居宜业、社会和谐和睦、公共服务普及普惠的状态，这是实现人的全面发展和社会全面进步的必然要求。

共同富裕不只是物质富裕，而且是一种全面的社会进步，包括生活质量的提升和文化、精神生活的丰富。它要求在保证效率与公平、发展与共享的基础上，通过创新和制度改革来实现。这种全面的共同富裕，是在高质量发展的基础上，通过合理分配实现的，遵循"五位一体"的全面跃升，实现经济、政治、文化、社会、生态文明的全方位发展。

为了实现共同富裕的目标，习近平总书记提出了具体的路线图，包括短期和长期目标，强调改革创新的中心地位。在浙江，共同富裕示范区的建设不仅是一项重大的政治任务，也是一个重大的社会责任，要求我们坚持不懈地努力，确保在全国范围内树立典范。

通过这种深入的理解和实践，共同富裕的目标在浙江将逐步实现，最终为全国的发展提供宝贵的经验和模式。这一过程不仅是经济的转型，也是社会和文化的深刻变革，体现了中国特色社会主义制度的优越性和前瞻性。

蚂蚁岛作为浙江海洋优势的突出代表，针对目前的问题，需要进一步发挥八个方面的优势、推进八个方面的举措，来实现蚂蚁岛的长远发展。

蚂蚁岛要坚持以人民为中心的发展思想，深入贯彻创新、协调、绿色、开放、共享的新发展理念，不断艰苦奋斗，从而实现进一步发展。在此过程中也存在着一些普遍性的问题与挑战，深入探究蚂蚁岛发展过程中面临的问题，对进一步促进农村发展至关重要。

4.2 蚂蚁岛发展过程中存在的主要问题分析

4.2.1 渔村振兴人才匮乏，发展内生动力不足

在渔村，由于文化知识和科技资源相对缺乏，一些居民的受教育水平不高。也正是因为对知识和科技的重视不足，渔村的发展受到了一定的限制。同样，地区发展的不均衡和经济水平的差异在全球范围内都是突出的问题，这些差异导致了福利待遇在不同地区的显著不同。这种现象进一步加剧了人才流动，优秀人才往往选择迁移到经济更发达的城市。此外，渔村居民在适应现代经济的过程中面临特有的挑战，他们在互联网应用、高科技养殖技术、市场经济运作及法律政策等方面普遍缺乏必要的知识和技能。这种知识和技能的缺乏限制了他们对现代化工具和技术的有效利用，从而影响了渔村的整体发展和居民的生活质量。

4.2.2 渔村产业现代化发展缺乏动力

所谓产业现代化，是指关于各产业之间充分利用现代科学技术，以达到更新的标准并满足新兴的需求。这一过程关键在于促进不同产业间的融合发展。在当前乡村振兴的背景下，特别是在农业现代化、工业化和城镇

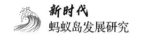

化转型期间，国家鼓励渔业剩余劳动力向工业和服务业的转移。对此，渔村应当积极优化产业布局，充分有效地开发利用有限的水域资源，并提升资源的使用效率。然而，在蚂蚁岛，由于自然条件和资源的限制，产业现代化仍面临挑战。蚂蚁岛依然沿用传统的生产方式，难以实现渔业向现代化产业的转型。这种局限不仅影响了产业的发展潜力，也限制了经济增长的速度。除此之外，蚂蚁岛在技术革新方面的步伐仍然缓慢，未能有效地引进先进的机械设备来替代传统的人力劳动。这种对新技术和机械化进程的缓慢适应，进一步延缓了渔村在现代化道路上的步伐，制约了其可持续发展。因此，渔村在产业现代化的道路上面临着动力不足的问题，亟须寻找恰当的方法来激发和加速这一转型过程，同时确保其文化特色得以保留。

4.2.3 渔村公共基础设施供给不足

由于地理位置偏僻，渔村的公共服务水平较低，供给结构不均衡，而且与城市的供给机制存在显著的差异。特别是在卫生保障和医疗资源方面，渔村的设施和服务往往难以满足当地居民的需求。交通的闭塞和与外界的联系较少是导致这一问题的主要原因之一。这不仅限制了社会保障制度的发展，也导致了公共服务水平的整体低下，使得居民对公共品的需求得不到充分的满足。笔者在实地考察中发现，即使渔村努力通过开设旅游景点来改善经济状况，基础设施的不足仍然是一个突出问题。例如，在某些村庄，虽然有吸引游客的景点，但村内基础设施建设不完善，仅有一家小型超市，而缺少饭店、民宿等基本的旅游服务设施。这极大限制了渔村在旅游业发展上的潜力。因此，渔村在提高公共服务水平、完善基础设施建设方面面临着紧迫的挑战。

4.3 新时代背景下蚂蚁岛实现共同富裕的路径

蚂蚁岛利用其独特的地理优势，践行"绿水青山就是金山银山"的理念，打造现代化海洋牧场，加快自身的发展。

4.3.1 依托政府政策支持，构建生态宜居乡村

以习近平总书记提出的"绿水青山就是金山银山"理念为依托，蚂蚁岛通过重塑乡村面貌、构建宜居乡村、创建幸福庭院等活动，开展农村人居环境整治，不断改善农村基础设施和群众生活条件，构建农村生态系统，助力美丽乡村建设。在资金支持方面，蚂蚁岛积极利用政府提供的各项扶持资金，以加速自身的建设和发展。舟山市还设立了政府专项资金，用于蚂蚁岛的道路建设、卫生保洁、绿化养护、生活污水处理等领域。这种政策支持为蚂蚁岛的可持续发展提供了坚实的基础。

4.3.2 以持续发展为着力点，打造优势产业新模式

产业发展是渔村振兴的支撑和引领，通过大力调整渔业产业结构，加快渔村产业振兴，促进渔业、旅游业和文化产业融合发展，是浙江沿海地区渔村发展的重要方向。通过业态创新和产品创新，形成配套模式和特色品牌效应，以特色渔业为基础，农旅融合发展为主线，助推产业转型升级，走产业融合和品牌强村之路，是一个小渔村蜕变为农渔旅融合发展的特色产业村的必经之路。

蚂蚁岛将立足海洋的可持续发展，培育渔村特色优势产业，有效推进养殖结构优化升级，推动现代化海洋牧场的建设，培养和发展沿海养殖与

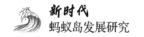
捕捞产业及其上下游行业，实现饲料喂养、加工与运输的一体化，从而增强产业链的整合能力，建成具有产业支撑、功能完备的旅游特色渔村，进而加快经济发展，引领海岛渔业与旅游业融合走高质量发展之路，在满足人类生产生活需要的同时兼顾生态平衡，维持和谐的生态环境，保证海洋渔业的可持续发展。

4.3.3 聚焦渔文化，开辟体验式旅游新模式

文化是乡村旅游的内生动力，传统文化既要保护，也要创新。蚂蚁岛在保护传承渔耕文脉的同时，积极完善旅游公共文化服务体系，打造海洋系列文化博物馆、建设渔村文化礼堂，赋予传统文化新的时代内涵和现代表现形式，营造出传统文化与现代文明融合共生的乡村文化氛围。乡风文明是渔村振兴的文化保障，在生态旅游开发中，蚂蚁岛充分发挥底蕴深厚的海洋文化优势，将现代休闲理念与历史文化传承相结合，致力于渔耕文化的保护传承和创新发展。蚂蚁岛深入挖掘渔村文化元素，开发海湾村落、海岛民居、海洋牧场等物质文化遗产，以及渔民生产生活方式、渔家风情民俗等非物质文化遗产，打造最能反映渔岛风情、最具海洋风味、最接地气的旅游主题和内容，使渔村生态旅游具有浓厚的"海味"。

4.3.4 增进民生福祉，激发全民目标一致化

蚂蚁岛的渔民整体文化素质不高，而渔民是最接近渔文化的群体，传统渔文化不仅要传承更要向前发展，要同乡村振兴和建设海洋文化结合起来。蚂蚁岛可以实施提高渔民素养的培训工程，邀请"改造休闲渔业"专家进村宣讲有关科学文化及先进技术的知识，对渔民进行技能培训和思想

文化建设，从而提升渔民的职业素养和服务水平。此外，蚂蚁岛要激励渔民不断学习，以更好地挖掘渔村的发展潜力，增强渔村的核心竞争力。

蚂蚁岛可以发挥渔民的主体地位，通过各种手段，如渔民的再教育、文化下乡等教育活动来提高渔民的文化素质，增强渔民对渔文化的保护意识。

4.3.5 发展渔港经济区，挖掘开放式销售渠道

蚂蚁岛要以城乡统筹发展为主体，不断拓展渔港的功能，提升建港水平。蚂蚁岛要结合渔村的地理位置优势提升渔港建设，参照国家级中心渔港的建设规划，建设集渔船安全避风、渔货集散、加工贸易于一体的销售平台，充分发挥其内连市场、外连渔场的作用。依托渔村特色风俗，致力于打造渔村特色渔港，临海建立开放式销售渠道，拓宽渔村经济发展的路径，充分体现渔业特色。

4.3.6 打造渔村特色品牌

蚂蚁岛是浙江省舟山市普陀区的红色名片，成立了全国第一个渔业人民公社，是全国渔业战线的一面红旗。近年来，蚂蚁岛渔民因地制宜努力发展地方特色，注重打造红色旅游特色，将当地特色与美丽渔村完美结合起来，逐渐完成渔村改造、渔民转型，形成发展休闲渔业的新局面。蚂蚁岛通过创建干部教育培训基地来强化红色旅游概念，着力打造"海上红船"，大力建设红色旅游胜地，发展成了浙江渔村的先进典型。

2018年，蚂蚁岛精神红色教育基地正式启用，这一宣传是传承光大蚂蚁岛精神的有力举措，也是这座小岛实现乡村振兴的新起点。蚂蚁岛精神

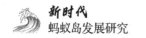

红色教育基地主要以人民公社旧址为核心区块，打造"一线一带多点位"，将蚂蚁岛精神发扬光大。人民公社旧址、马金星《军港之夜》词作创作地、蚂蚁岛创业纪念室、"三八海塘"等一个个鲜红的印记，串联成了"艰苦创业、敢啃骨头、勇争一流"的蚂蚁岛精神红色教育基地。

4.3.7 开辟农渔旅融合发展之路

蚂蚁岛居民发扬艰苦创业的蚂蚁精神，将渔业资源与旅游资源结合起来，并对其进行开发和利用。在这个过程中，蚂蚁岛打造了具有海岛特色的休闲渔业特色产品，注重海岛和渔民文化的挖掘，并结合旅游发展的趋势逐步开发了海钓、环岛观光、沙滩观景等各种生态游。除此之外，蚂蚁岛还通过置办大量渔船，经营渔家乐项目，开设旅馆和餐馆来扩大经济收入来源。通过让客户居住渔民客栈，吃渔家特色菜肴，以及穿渔民特有的服装和体验出海作业，蚂蚁岛推动了休闲渔业经济的快速发展。近年来，蚂蚁岛农渔旅融合产业已经取得了良好的社会效益。

4.3.8 总结

"绿水青山就是金山银山"理念为蚂蚁岛的共同富裕建设提供了发展方向。蚂蚁岛以耕海牧渔为特色产业，以农旅融合为发展主基调，依托自身的生态资源优势以及历史文化优势，创新发展多种农渔模式，实现全产业链统筹发展，走出了一条生态美、产业兴、百姓富的可持续发展之路。

蚂蚁岛可以以"生态＋"与"旅游＋"为路径，把乡村的生活、生产、生态融于一体，将自然资源转化为自然资本，借此拓宽乡村经济绿色发展渠道，实现绿色发展、富民惠民的目标。蚂蚁岛还可以以"宜游"为目标，不断拓展转化通道，挖掘乡村特色文化，彰显"一乡一品、一村一韵"，全力构建乡村文化符号和乡村旅游品牌，让乡村和旅游产生叠加效益，让山水资源释放出更大的经济价值。实现共同富裕，需要在进行乡村建设时因地制宜、精准施策，要深入学习贯彻习近平新时代中国特色社会主义思想，全面贯彻创新、协调、绿色、开放、共享的新发展理念，为农村发展建设持续注入新力量，蚂蚁岛的案例也为其他乡村建设提供了参考路径和宝贵经验。

5

蚂蚁岛与"千万工程"

5.1 "千万工程"

2003 年 6 月，浙江省委启动了"千村示范、万村整治"工程，简称"千万工程"。这个工程旨在从全省约 4 万个村庄中选出大约 1 万个行政村进行全面整治，并将其中约 1000 个中心村打造成全面小康示范村。20 多年来，"千万工程"稳步推进，成效显著，深远影响了浙江省的乡村美化和农民福祉的提升。

浙江省自 2003 年起实施的"千万工程"是一项重大乡村振兴计划，旨在全面提升农村地区的生活环境、推动城乡融合发展，加强乡村产业的发展，优化乡村治理结构，以及提升农民的精神风貌。这一项目不仅在国内产生了广泛影响，还在国际上获得了认可。

在农村人居环境改善方面，该项目实现了规划保留村生活污水治理覆盖率100%，显著改善了农村的水环境，同时，通过实施农村生活垃圾"零增长"和"零填埋"的政策，减少了对环境的污染。此外，全面推广农村卫生厕所，极大提升了村民的生活卫生条件。在生态环境方面，通过种植更多的树木，森林覆盖率大幅提升，进一步提升了生态环境质量，使浙江成为首个通过国家生态省验收的省份。

在城乡融合发展方面，基础设施建设同步加快，有效缩小了城乡之间的差距。浙江城乡居民收入比从2003年的2.43缩小到2023年的1.86，这表明城乡收入差距显著减小，而且农民的生活水平显著提高了。浙江基本公共服务均等化水平在全国处于领先地位。

乡村产业的发展也是该项目的一大亮点。休闲农业、电子商务和文化创意等新兴产业的发展，为农民提供了新的收入来源，并带动了农民收入的持续快速增长。数据显示，浙江农村居民人均可支配收入从2003年的5431元增长到了2023年的40311元。此外，截至2023年6月，浙江省建成了风景线743条、特色精品村2170个、美丽庭院300多万户，形成了一幅美丽的乡村景观图。这不仅改善了农村的物理环境，也为乡村旅游和文化产业的发展提供了强大的动力。

在乡村治理方面，以农村基层党组织为核心的治理体系得到了加强，村民自治和各类村级组织的协作得到了提升。这一变化显著提高了农村治理体系和治理能力的现代化水平。通过这些措施，农村社区变得更加稳定和谐。通过建设文化礼堂、农民书屋等，该项目推动了文明乡风和良好家风的形成，有效遏制了陈规陋习，提升了村民的文化生活水平。

浙江的"千万工程"不仅改善了农村的物质条件和环境质量，还提升了村民的生活质量，为中国乡村振兴和城乡融合发展树立了典范。通过这项工程，浙江省不仅在生态和环境保护方面取得了显著成就，还在社会经济发展和农村治理方面实现了质的飞跃。

5.2 蚂蚁岛与"千万工程"的结合

蚂蚁岛与"千万工程"的结合，是对中国乡村振兴的一次深刻实践。这个结合不仅在物质层面上取得了显著成就，也在精神文化层面上产生了深远影响。

5.2.1 建设生态宜居之岛

近年来蚂蚁岛因其独特的经济发展模式和生态保护措施而备受关注。岛上的发展策略重点放在了生态资源的有效利用、生态环境的保护以及生态平衡的维护上，这些方面共同塑造了蚂蚁岛的经济和社会发展。

首先，在利用生态资源方面，蚂蚁岛充分发挥了其丰富的海洋生态资源优势。岛上拥有丰富的海洋生物、潮汐能源，以及天然的海滩资源。为了提升旅游业的吸引力，岛上积极开发了与自然环境和谐共存的旅游项目。例如，岛上不仅有碧海、沙滩等自然景观，还有被森林覆盖的原生态区域，为游客提供了一种回归自然的独特体验。通过实施"一岛一品、一岛一策"的发展路径，蚂蚁岛特别强调其独特的生态和文化特色。例如，为了吸引更多游客，岛上开发了一系列体验项目，包括荒岛求生、露营探险、滩涂渔趣等，提供了丰富多彩的户外活动选择。

其次，在保护生态环境方面，蚂蚁岛在海岛共富行动中，尤其重视对自然生态环境的保护。为了保持海岛的原始美丽，岛上实施了一系列环保措施。例如，加强了对沿海岸线环境污染的检查和海边垃圾的清理，以维

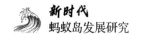

护清洁美丽的海滨环境。此外，岛上还推行了环保养殖措施，如近海贻贝养殖的退养还海、部分养殖场位置的迁移，以及有害养殖浮球的替换，有效地改善了养殖环境。这些环保措施不仅使蚂蚁岛更加美丽，还为产业融合发展铺平了道路，使蚂蚁岛成为一处生态与美景并存的旅游胜地。

最后，在维护生态平衡方面，蚂蚁岛在推进其经济发展的同时，也非常注重维护生态系统的平衡。岛上的产业活动，如渔业捕捞和旅游业，都在尽可能减少对自然生态系统的影响。岛上的自然景观都得到了妥善的保护。这些自然景观不仅为游客提供了观光的好去处，也是岛上生态平衡的重要组成部分。在海岛共富行动中，蚂蚁岛既发挥了其渔港和渔业捕捞的优势，又充分利用岙、礁、港、山等景观资源，建设了渔港经济圈、休闲旅居圈、山体公园等多个项目，打造了以"绿色渔港、休闲旅居"为特色的"渔港休闲岛"。

此外，蚂蚁岛在生态环境建设上的变革，是其与"千万工程"结合的明显成果。岛上的环境治理工作涵盖了垃圾处理、污水治理、卫生改厕等多个方面。这些措施不仅提高了居民的生活质量，也为生态旅游打下了坚实的基础。特别是森林覆盖率的显著提升，使得曾经的"癞头山"变成了一个生态丰富的"植物园"，这是对自然环境和生态系统的一次重大改善。全岛还实行了物业化管理，垃圾分类处理实现了常态化，展示了高标准的乡村治理模式。

总的来说，蚂蚁岛的这些发展策略和生态保护措施是其对可持续发展和环境保护的承诺。通过保护和合理利用自然资源，岛上不仅保持了自然美景，也促进了经济和社会的繁荣。这些做法为其他海岛或类似地区提供了宝贵的经验和范例，展示了如何在促进经济发展的同时，保护自然环境。

5.2.2 建设生活富裕之岛

蚂蚁岛的产业多元化和创新发展取得了显著的成果。蚂蚁岛不仅在传统渔业上取得了巨大的成功，还积极引进了现代产业，如大型造船企业，从而实现了经济结构的优化。

2022年，蚂蚁岛成为舟山"小岛你好"海岛共富行动的首批创建示范岛。蚂蚁岛将旧渔用仓库改造成综合性的"共富工坊"，这一举措不仅提升了岛上的经济活力，也为居民提供了新的就业机会。在此背景下，蚂蚁岛渔业和工业的产值显著增长，旅游业也逐渐成为岛上的重要经济支柱。

蚂蚁岛还着力于发展"海岛下酒菜"品牌，以放大虾皮产业的共富效应。例如，舟山普陀蚂蚁岛红帆文化发展有限公司与浙江高速商贸经营管理有限公司达成了合作，前者会在浙江省内142个高速服务区的便利店销售即食虾皮，其目前有2条即食虾皮生产线，每天的产量在800—1000包。

2022年8月，蚂蚁岛全面启动建设浙江省首个与省属国有企业和重点民营企业结对共建共富工坊——蚂蚁岛虾皮共富工坊。此外，蚂蚁岛还参加了浙江山区26县的农产品展销活动，其生虾皮和即食虾皮等特色产品吸引了众多顾客。

蚂蚁岛还与省属国有企业签订了产品定向采购协议，并通过成立村播小分队、邀请旅游博主等方式开展线上直播活动，有效破解销售难题。

随着"海岛下酒菜"的试水成功，蚂蚁岛计划将虾皮模式复制到海蜇、海带、紫菜等产品上，以促进更多群众通过旅游增收致富，并进一步壮大村级集体经济。整体来看，蚂蚁岛的这些举措展示了一种通过创新和多元化来推动经济发展和社区共富的有效途径。

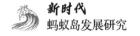

5.2.3 建设精神富足之岛

蚂蚁岛精神的传承与发扬是这座岛屿与"千万工程"结合的重要精神成果。早在 2005 年，时任浙江省委书记习近平就强调了蚂蚁岛精神的重要性。随后，岛上建立的红色教育基地成为传承这一精神的重要场所，通过红色旅游品牌的打造，让更多人了解和传承这种精神。

这种精神的力量润物细无声。蚂蚁岛精神与"千万工程"的结合，是一种深入人心的力量。这不仅仅是一座岛屿的改变，更是一种精神力量的体现。蚂蚁岛的故事，成为舟山乃至整个浙江省乡村振兴和社会发展的缩影。在新时代的背景下，蚂蚁岛精神已成为驱动舟山向海图强、实干争先的重要动力。通过持续的努力和创新，蚂蚁岛正在向更加美好的未来迈进。

6

蚂蚁岛与"重要窗口"

6.1 "重要窗口"

2020 年,习近平总书记近期在浙江进行考察调研期间,发表了重要讲话,为浙江设立了新目标和新定位——"努力成为新时代全面展示中国特色社会主义制度优越性的重要窗口"。这次讲话标志着浙江在改革发展历史上迎来了具有里程碑意义的重大事件。

"全面展示"是内在要求,意味着展示的不仅仅是物质成就,还包括制度性成果。"中国特色社会主义制度优越性"是核心要义,强调必须通过省级层面的实践探索,彰显中国特色社会主义制度的科学性、完备性和有效性,并体现出中国特色社会主义道路、理论、制度和文化的自信。"重要窗口"是功能定位,意味着承担特殊职责使命,具有开放性和国际性,同时

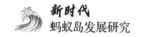

还具有先行性和示范性。这强调了要通过"浙江之窗"展示"中国之治"，用"浙江之答"回应"时代之问"，为国际社会提供一个了解中国形象、中国精神、中国气派和中国力量的"重要窗口"。

当前，浙江在推动共同富裕示范先行和奋力谱写"八八战略"新篇章的过程中，依然需要发扬奋斗精神。高水平建设浙江共同富裕示范区，必须注重将蚂蚁岛精神中蕴含的百折不挠、坚韧顽强的奋斗精神贯穿于精神文明建设的全过程。与此同时，在追求全省高质量发展的过程中，浙江要肩负起"重要窗口"的使命，担当起展示中国特色社会主义制度优越性的重任。蚂蚁岛精神应当转化为强大的社会动能，这是夯实共同富裕示范区建设基础的关键所在，也是推动社会全面进步的重要力量。

不论面积、人口，还是岛上风光，蚂蚁岛这个小岛在舟山群岛当中并无特殊之处。在艰难的环境中谋求变化，蚂蚁岛公社的社员们通过艰苦创业，使得蚂蚁岛从最初的一穷二白，逐步发展到能够购置大型捕捞渔船，并开展远洋渔业。原本祖祖辈辈在黑暗中摸索度日的局面，逐渐被改变为建设发电厂，实现海岛照明电气化的新时代。不仅如此，从单一的水产捕捞业起步，蚂蚁岛还成功创办工厂，实行以工养鱼，开展多种经营活动。这些从无到有、从点到面的变迁，正是蚂蚁岛群众抓住机遇、勇于开拓的生动过程。凭借着诞生于20世纪50年代的蚂蚁岛精神，这个岛近年来享誉舟山内外。如今，在新时代背景下，推动共同富裕示范先行，蚂蚁岛精神发挥了应有的作用，"抓住机遇、勇于开拓"的创业精神焕发出新的时代光彩，即紧紧把握新一轮科技革命和产业革命的时代机遇，勇往直前，不断拓展创新思路，继承和发扬老一辈艰苦创业的激情，夯实共同富裕示范区建设的精神基础。

6.2 新时代背景下审视蚂蚁岛精神蕴含价值的基本视角

6.2.1 蚂蚁岛是舟山渔民艰苦创业史的展示窗口

中华人民共和国成立后，为了改变岛上贫困落后的面貌，蚂蚁岛人民在党的领导下进行了长达几十年的艰苦创业。笔者认为，蚂蚁岛的艰苦创业史主要包括四大内容。

一是 20 世纪 50 年代率先实行人民公社这一集体经济形式。当然，这个探索经历了一个逐步演变的过程。1952 年 2 月，蚂蚁岛成立了舟山地区第一个渔业生产互助组，这是该岛迈向合作与发展的重要一步。紧接着，1953 年 7 月，蚂蚁岛进一步组织成立了舟山的第一个渔业生产合作社，标志着岛上渔业生产方式的又一次进步和创新。随后，1954 年 3 月，蚂蚁岛上的 4 个渔业生产合作社进行合并，这一举措不仅增强了渔业生产的组织力量，也为全岛的经济发展奠定了更加坚实的基础。1955 年，蚂蚁岛组建了舟山第一个综合性合作社，下设渔业、农业、手工业 3 个大队和供销社、信用社。全岛一体，政社合一，实质上已经具有了社会主义公有制的鲜明特征。

二是 20 世纪 50 年代集资购买大捕船，较早走上致富之路。大捕船比原有只能近海捕捞的木帆船造价更高、性能更优。为了凑齐资金，蚂蚁岛人民采取了不等、不靠、不要的办法，依靠妇女们手工搓草绳、变卖物品等自主解决实际困难。1955 年 9 月，蚂蚁岛人民成功开创机帆船捕捞的历史。1960 年，蚂蚁岛人民公社的机帆船数量达到 27 艘，成为全省首个实现机帆化的公社。这一成就不仅体现了蚂蚁岛在技术进步和生产方式现代化方面的领先地位，也标志着岛上的渔业生产进入了一个新的发展阶段。通过积极引进和推广机帆船，蚂蚁岛的渔民们大大提高了捕捞效率和生产

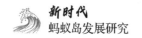
力，为全省乃至全国其他渔业公社树立了一个成功的典范。在那个海洋渔业资源丰富的年代，蚂蚁岛由于拥有先进的生产资料，较早地走上了致富之路，相继办起了水产加工厂、渔业中学、幼儿园、文化馆、妇产医院、科研所等各种配套机构。

三是20世纪70年代修筑"三八"海塘，有效增加耕地面积。据当地资料，在1950年，蚂蚁岛上约有60%的居民主要依靠吃红薯干来维持生计，约有30%的人靠吃野菜杂粮，甚至不得不靠讨饭为生。这一时期，蚂蚁岛的贫困状况令人揪心，居民们的生活条件十分艰苦。然而，正是在这样的困境中，蚂蚁岛人民展现出了顽强的生存意志和奋斗精神，为未来的发展和繁荣奠定了坚实的精神基础。

四是改革开放以来继续保持勇争一流的发展后劲。改革开放以来蚂蚁岛人民继续创造新的辉煌。如今，蚂蚁岛拥有浙江省内最大的虾皮市场，以及各类服务业经营户100余家。

6.2.2 蚂蚁岛是浙江人民辛勤奋斗史的展示窗口

中华人民共和国成立以来蚂蚁岛人民的艰苦创业史，也是浙江人民辛勤奋斗史的一个缩影。在改革开放之前，浙江省面临着人多地少的问题，这一问题尤为突出，且地理资源优势并不明显，然而现在浙江省已经成为中国实施改革开放以来，发展最快、最协调、最具活力的省份之一。浙江省的快速发展在很大程度上得益于其民营经济的自主创新活力和各地因地制宜的县域经济以及块状经济模式。这些经济模式不仅提升了区域经济的整体实力，也推动了全省经济的多元化和可持续发展。浙江精神正是这些经济活力和创新精神的集中体现，成为该省经济腾飞的重要推动力。

从"不等、不靠、不要"这个共同角度来说，诞生于改革开放之前的蚂蚁岛精神可视为改革开放以后浙江精神的试水和先导，改革开放以后浙江精神可视为对蚂蚁岛精神的进一步放大和弘扬，蚂蚁岛精神与浙江精神密不可分。70 多年前，蚂蚁岛人民缺乏买船资金，自主筹资，艰苦奋斗。50 多年前，蚂蚁岛人民缺粮少田，修筑海塘，围海造陆。40 多年前，浙江人民自主创新，屡创奇迹。近年来，浙江省充分抓住自贸试验区和"一带一路"倡议带来的重大机遇，将油品全产业链建设作为推动开放发展的重要战略举措。在这一背景下，舟山以其独特的地理优势和政策支持，短短几年内成功实现了"无中生油"的奇迹，迅速跃升为我国重要的供油港口。通过不断完善油品供应链、提升港口服务能力和推进相关基础设施建设，舟山不仅满足了国内外市场对油品的需求，还显著提升了自身在国际能源市场中的地位。

蚂蚁岛的发展历程以及浙江改革开放以来的发展经验共同阐明，只有继承发扬"艰苦创业"的传统，才能做到自强不息、干在实处、开放图强！只有继承发扬"敢啃骨头"的传统，才能实现求真务实、讲求实效、坚韧不拔！只有继承发扬"勇争一流"的传统，才能走在前列、勇于创新、勇立潮头！只要浙江全省继续深入推进"八八战略"，继续发扬与时俱进的浙江精神，就一定能够成为新时代展示中国特色社会主义制度优越性的重要窗口！

7

蚂蚁岛与三个"一号工程"

7.1 三个"一号工程"

2023 年 1 月，浙江提出三个"一号工程"——数字经济创新提质"一号发展工程"、营商环境优化提升"一号改革工程"和"地瓜经济"提能升级"一号开放工程"。这些措施不仅具有牵一发而动全身的效应，而且在内核上相通、机制上相连，彼此之间相互促进、相互融合。浙江省通过这三个"一号工程"的实施，旨在加快推动经济的高质量发展，完整、准确、全面地贯彻新发展理念。

首先，数字经济创新提质"一号发展工程"聚焦于加快打造高水平创新型省份。在这个数字化时代背景下，数字经济已成为全球经济发展的新动力。浙江省将通过加强科技创新、优化投资结构、鼓励创新创业，推动

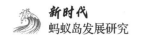
数字经济实现质的稳步提升和量的合理增长。这不仅关乎经济结构的优化，更关乎全省经济的转型升级。

其次，营商环境优化提升"一号改革工程"着力于构建高水平社会主义市场经济体制。优化营商环境，不仅是改善企业发展环境，更是推动经济高质量发展的关键所在。通过深化行政审批制度改革、优化服务流程、提高政务服务效能，浙江致力于打造更具国际竞争力的市场环境，从而吸引更多投资，促进经济多元化发展。

最后，"地瓜经济"提能升级"一号开放工程"聚焦于提升开放型经济体系的实力。所谓"地瓜经济"，寓意着扎根本土、枝繁叶茂的经济发展模式，强调在保持本土经济特色的同时，积极融入全球经济体系。浙江将通过加强与国际的交流合作，积极参与"一带一路"建设，促进外贸发展，进一步提升其在全球经济中的地位和影响力。

这三个"一号工程"的实施，不仅需要政府的政策引导和支持，更需要社会各界的共同参与和努力。随着科技的不断进步和市场的日益开放，浙江的经济发展将朝着更高效、更创新、更开放的方向迈进，为中国乃至世界的经济发展贡献更多的力量。

7.2 浙江省对三个"一号工程"的探索

7.2.1 浙江省营商环境优化

优良的营商环境不仅是治理能力和行政效率的反映，也是区域发展动力和竞争力提升的关键因素。基于此，浙江省提出了包括营商环境优化提升在内的三个"一号工程"，以营商环境改革作为战略重点。

浙江省实施了一系列先行先试的公平竞争政策改革,包括法治化、数字化治理、刚性化审查、标准化合规、风险预警化和监管协同化等6个方面的改革。浙江省在杭州、台州等地推行公平竞争审查集中审查试点,加强公平竞争审查的刚性约束,从源头预防滥用行政权力排除、限制竞争的政策措施。

浙江省还积极推动企业竞争合规意识的提升,率先制定了《浙江省企业竞争合规指引》和《浙江省平台企业竞争合规指引》,并发布了《互联网平台企业竞争合规管理规范》等。这些文件全面梳理了平台企业的竞争合规风险,明确相应的合规管理举措,推动重点平台企业实施标准,为平台资本在公平竞争领域设置"红绿灯",引领平台经济规范创新发展。

浙江省还开展了反垄断执法和优化营商环境的专项行动,重点关注公用事业、教育、医疗卫生、交通运输、工程建设、保险和政府采购等领域。省市场监管局坚持"有感服务、无感监管"的理念,率先开展预防预警式反垄断监管服务,预防企业垄断法律风险,服务企业健全合规体系,提升企业主动合规意识,营造公平竞争的发展环境。

根据第三方机构的测评,2023年浙江省公平竞争环境社会满意率已达95.2%。通过这些综合措施,浙江省正朝着建设全国统一大市场,优化市场化、法治化、国际化的一流营商环境迈进。

7.2.2 浙江省数字经济创新提质发展

浙江省提出了"1358"数字经济创新提质发展体系,旨在构建一个全面、多元化的数字经济生态。这个框架包括一个数字经济高质量发展强省的目标、三大主攻方向、五大跃升领域以及八大攻坚行动。这不仅明确了发展方向,也设定了实现高质量发展的具体路径。

在技术创新与产业培育方面，浙江省通过设立重大科技专项，如芯片与汽车电子、新一代人工智能等，促进关键技术突破，并推动进口替代。省级工业互联网平台的建设也在加速，以推动产业的数字化转型。在数据基础与应用推广方面，浙江省致力于释放数据要素的价值，包括争创国家数据要素综合试验区，以及深化产业数据价值化改革。此外，"产业大脑能力中心 2.0 版"的发布，使得数据产品和能力组件得到广泛应用，促进了数据的有效利用和价值实现。

在平台经济与数字生态建设方面，浙江省高度重视平台经济的健康发展，举办了高规格的平台经济发展大会，并推出了专项服务行动，以增强平台企业的活力和信心。在数字生态方面，浙江省实施了资本投资"红绿灯"制度，构建了公平透明的监管体系，以促进数字经济的有序发展。

浙江省的这一战略预计到 2027 年将使数字经济核心产业增加值达到1.6 万亿元，同时培育至少 2 个万亿元级的产业集群。此外，浙江省还计划培育 30 个"新星"产业群、7 家千亿元级数字企业和 50 家百亿元级数字企业，以提升省内数字产业的竞争力和影响力。2023 年，浙江省数字经济增加值达 4.33 万亿元，产业数字化发展指数连续 4 年居全国第一。这些成就反映了浙江省在数字经济发展方面的领先地位和显著成效。

未来，浙江省将继续在数字技术突破、数实融合、数据要素价值激活以及平台经济优势重塑等方面加大力度。浙江省委将加强统筹、压实责任、优化政策资源保障，以确保数字经济高质量发展策略的有效实施。通过这些措施，浙江省正朝着建设数字经济高质量发展强省的目标稳步前进，为中国其他省份提供了发展数字经济的成功范例。

7.2.3 浙江省"地瓜经济"模式的提升

在全球化背景下,"地瓜经济"模式强调企业不仅要在本土市场深耕,还要积极开拓外部市场,形成一个坚实的本土基础和广泛的国际联系。

为了推动这一经济模式的发展,浙江省不断提升开放型经济水平,强化双循环战略的角色,并构建一个制度型开放体系。具体的实施路径包括:优化市场布局,吸引人才,加强总部的力量;推进"415X"先进制造业集群建设行动,增强企业核心竞争力;深化海洋经济开发,提高总部综合能力,完善跨境园区功能。

在风险管理和创新方面,浙江省正在建立一个全面的风险防控体系,以保证经济的稳定和安全,并通过先行先试,系统集成提升质效,释放制度开放的新动力。面对复杂的国际形势,浙江省需采取更主动的策略,以应对外部环境的不确定性,还要建立完善的工作机制,加快形成打造高能级开放大省的强大合力。

在具体的实践案例和政策合力方面,浙江省"地瓜经济"提能升级"一号开放工程"的进展备受关注。《浙江省"地瓜经济"提能升级"一号开放工程"实施方案》明确了9个方面共39项重点任务,并组建了50个成员单位组成的专题组和专班。2023年7月,浙江省还创新评选了首批28个最佳实践案例,发布首批33个"一号开放工程"试点项目。这些案例涵盖了发展总部经济、推进"四港联动"、加快"走出去引进来"、建设贸易强省等多个方面,形成了一批可复制可推广的经验。

此外,浙江还建立了开放提升"1+X"政策体系,出台了《强力推进开放提升加快打造高能级开放大省的意见》,明确了7方面126条政策举措。在"8+4"经济政策体系下,浙江省还制定了"扩大内需和对外开放"政策包,出台了多项政策举措和配套政策,储备了新一轮的"扩大内需和对外开放"政策。重大活动的成效也是显而易见的。例如，2023港澳·浙江周成功举办，活动期间共计签约项目77个，总投资额约80亿美元。这进一步深化了浙江与香港、澳门的经贸合作。此外，"千团万企"拓市场增订单行动也在扎实推进。截至2023年7月中旬，浙江省已组织1360个团组、超1万家企业赴境外开展商务活动，达成意向订单超过1130亿元。

通过"地瓜经济"模式，浙江省将自身打造成了一个高能级的开放大省，实现了高质量发展和高水平安全。

7.3 三个"一号工程"的意义

三个"一号工程"如同三个马力十足的引擎，持续推动浙江深入实施"八八战略"，强力推进创新深化、改革攻坚和开放提升，逐步走向纵深并取得显著成效。

数字经济创新提质"一号发展工程"旨在通过提升产业链供应链的韧性和安全水平，推动数字经济的全面发展，成为高质量发展的新引擎。数字经济在重组要素资源、重塑经济结构和改变竞争格局方面发挥着关键作用，浙江必须牢牢把握这一大战略、大趋势和大机遇，紧扣"往高攀升、向新进军、以融提效"三大主攻方向，全面激发数字经济的潜力，形成推动全省高质量发展的核心动力。数字经济不仅是科技创新的先锋，也是产业升级的催化剂，为浙江实现现代化提供了强劲动力。

营商环境优化提升"一号改革工程"则是高质量发展的土壤。优化营商环境，需要紧扣群众最敏感、市场主体最困扰、制约发展最突出的环节，系统提升政务环境、法治环境、市场环境、经济生态环境和人文环境。通过按下优化营商环境的"快进键"，让全社会创新创业创造有适宜的土壤、灿烂的阳光、滋润的雨露和充足的养分，推动高质量发展跑出"加速度"。一个优良的营商环境不仅吸引了外部投资，也激发了本地企业的内生动力，推动了整体经济的发展和繁荣。

"地瓜经济"提能升级"一号开放工程"作为高质量发展的载体和形态，构建了一个由根植于浙江的"块茎"和向国内外延伸生长的"藤蔓"组成的开放型经济体系。做强"块茎"是根本目的，延伸"藤蔓"是关键手段。我们要坚持高水平走出去与高质量引进来相结合，打造更具韧性、更具活力、更具竞争力的"地瓜经济"，提升浙江在全球经济中的地位和影响力。"地瓜经济"的独特模式，彰显了浙江在全球化经济中的灵活性和适应性，通过内外联动的发展模式，形成了强大的经济辐射力。

三个"一号工程"统一于贯彻新发展理念、构建新发展格局、推动高质量发展。浙江必须强化系统思维，打造整体优势，一体谋划、一体推进、一体落实，把数字经济做得更强，营商环境搞得更好，"地瓜经济"育得更壮，进一步凸显创新深化、改革攻坚、开放提升的牵引作用，以高质量发展的实绩实效，精彩谱写中国式现代化的浙江篇章。

通过这样的综合施策，浙江省不仅将巩固其在国内经济中的领先地位，还将为全国其他地区提供一个可复制、可推广的高质量发展模式。这种模式不仅体现了浙江的改革创新精神，也展示了中国特色社会主义在地方实践中的生动图景。未来，浙江将在数字经济、营商环境和开放型经济等多个领域继续引领全国，书写出更加辉煌的篇章。

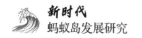
7.4 蚂蚁岛与三个"一号工程"的结合

7.4.1 蚂蚁岛与数字经济创新提质"一号发展工程"

蚂蚁岛可以通过数字化转型彰显其作为小岛社区的独特潜力和价值。这个曾经资源匮乏、基础设施薄弱的渔村,正通过创新和坚韧不拔的精神,转变为一个典型的社区。蚂蚁岛在提升传统产业的效率和竞争力,以及居民生活质量和就业机会方面取得了显著成就。其发展路径为类似的农村和海岛社区提供了可借鉴的模式,成为展现中国农村和海岛发展成果的一个典范。

蚂蚁岛在渔业方面可以采用先进的海洋捕捞技术,如卫星定位和远程监控系统,以提升捕捞的效率和可持续性。大数据可以帮助渔民更有效地预测渔业资源的分布,并优化捕捞计划和路线。虾皮加工业也在经历技术升级,可以引入自动化生产线,提高产量和质量,减小劳动强度。物联网技术的应用正在改变生产过程的监控方式,确保产品质量和提高生产效率。

蚂蚁岛的旅游业也通过开发数字化平台,提供在线导览和预订服务,让游客获得更有沉浸感的文化和历史体验。同时,电子商务的发展正在帮助岛上企业将特色产品如即食虾皮推向全国乃至全球市场。社交媒体和在线营销策略的运用提高了蚂蚁岛品牌的知名度和市场占有率。数据驱动的决策支持系统为岛上的农业、渔业和旅游业提供了决策支持,集成的数据平台助力实现资源优化配置和效率最大化。

在普陀区推进的自贸提升战略和国际海事服务基地建设中,蚂蚁岛的数字化转型发展也发挥着关键作用。通过加快发展数字经济,推动海事服务产业与数字经济的融合发展,蚂蚁岛正助力普陀区海事服务产业数字化转型。数字化应用不仅覆盖船舶制造业，还涉及船舶维修和海事服务产业。通过加强数字赋能和深耕船舶维修拓展航修服务，蚂蚁岛正在推动高质量的产业发展。

蚂蚁岛在数字经济创新提质"一号发展工程"中的转型和创新，不仅对本地区经济发展起到了推动作用，也为类似的农村和海岛社区提供了可借鉴的发展模式。通过这种方式，蚂蚁岛不仅保持了经济增长和社会进步的可持续性，而且在全球化背景下为地方特色产业的发展提供了宝贵经验。

7.4.2 蚂蚁岛与营商环境优化提升"一号改革工程"

蚂蚁岛的发展故事，特别是其居民所展现的艰苦奋斗精神，与营商环境优化提升"一号改革工程"的结合，构成了一个鼓舞人心的发展典范。这个曾经贫瘠的小渔村，通过居民们不懈的努力和创新，逐步转型成为一个经济活跃、社会和谐的社区。在营商环境优化提升"一号改革工程"的指导下，蚂蚁岛可以在行政服务方面进行重要改革，实现企业注册、税务申报等行政流程的简化和数字化，大幅提升办事效率，减轻企业运营成本，激发岛上的创业热情和投资活动。

首先，要加强政务服务方面的改革。蚂蚁岛可以通过实施行政审批改革，大幅放权，确保所有行政审批事项严格遵守法定时限，实现"零超时"目标。这一举措不仅可以大幅提高政府效率，还可以降低企业的运营成本。此外，蚂蚁岛还可以推广综合审批，简化企业投资建设项目报建审批流程，减少企业的行政负担。通过全面实施电子政务系统，政府服务可以实现数字化，提高透明度和便捷性，从而使企业和居民能够更高效地处理行政事务。

其次，在市场环境方面，蚂蚁岛要积极打击非竞争性和违法犯罪行为，

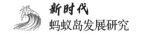

保障公平竞争的市场环境。要加大治乱减负力度，清理规范涉企收费，严格查处乱收费行为。此外，要逐渐降低企业制度性交易成本，加强产权和企业家合法权益的保护，以进一步激发市场活力。

再次，社会环境的稳定也是蚂蚁岛改革的方面。岛上可以强化基层治理体系，优化网格管理，提升社会政策的规范性，有效调整社会利益关系，回应社会诉求，化解社会矛盾。同时，要通过打好蓝天、碧水、净土保卫战等措施，确保生态环境的可持续性。此外，还要提升基本公共服务效能，全面满足居民的基本生活需求。

最后，在优化的营商环境中，蚂蚁岛可以积极鼓励创新和创业活动，并且提供税收优惠、贷款支持和创业指导等措施，帮助小型和初创企业成长。此外，岛上要加强建立创业孵化中心，为创业者提供一个资源共享、交流思想和合作的平台。

蚂蚁岛精神与营商环境优化提升"一号改革工程"的结合，不仅优化了蚂蚁岛的经济环境，促进了产业的多元化和可持续发展，也为居民带来了更多的就业机会和更高的生活质量。通过这种结合，蚂蚁岛不仅为居民带来了实实在在的好处，也为其他社区和地区提供了宝贵的经验和启示。

7.4.3 蚂蚁岛与"地瓜经济"提能升级"一号开放工程"

在蚂蚁岛的发展蓝图中，与"地瓜经济"提能升级"一号开放工程"结合显得尤为关键，可以实现高质量的发展和高水平的进步。这一结合不仅代表着发展理念的深刻转变，更是蚂蚁岛"跳出一域，发展自身"的现实需求和应势之举。蚂蚁岛紧承"地瓜经济"模式的核心要求，持续"延伸藤蔓""做大块茎""夯实瓜田"，致力于构建一个韧性和竞争力更强的现代化产业体系，为自身的繁荣发展源源不断地注入动力。

坚实的"块茎"是指本土产业的稳健成长。蚂蚁岛的经济基石——渔业和虾皮加工业，就是"地瓜经济"模式中所强调的"块茎"。为了加强这一基础，岛上不断推行技术革新，比如采用更高效的捕捞技术和自动化加工流水线。这些创新不仅极大提升了产品质量，同时也显著提高了生产效率。

此外，蚂蚁岛在改善基础设施方面也取得了显著成就，提升了与外界的连通性。蚂蚁岛加强了港口设施和物流系统的建设，致力于打造一个更加高效、可靠的交通网络。这些举措不仅使得岛上的物流更加顺畅，为企业提供了更佳的货物运输和人员流动条件，同时也极大提升了居民的生活质量，并为吸引外部投资者和游客创造了更多机会。同时，岛上对生态可持续性的重视，如设立海洋保护区、推广可持续渔业实践等措施，也确保了渔业资源的长期稳定。

在"地瓜经济"模式的引导下，蚂蚁岛要积极拓展外部市场，即"延伸藤蔓"。通过建立电子商务平台，蚂蚁岛将其特色产品推向全国乃至国际市场。此外，通过建设各类产业平台，蚂蚁岛推动了科技创新和产业融合，这不仅为当地企业提供了先进的技术支持和创新环境，还吸引了外部的科技公司和创新型企业。这些平台的建设，在培育高技术产业的同时，促进了区域经济的多元化和产业结构的优化。蚂蚁岛大力实施招商引资策略，通过提供优惠政策和强化服务，吸引了高技术制造业和新能源项目的入驻。这些新项目不仅推动了岛上经济的发展，也加速了产业链的形成和发展。通过这种模式，蚂蚁岛成功地构建了一个协同发展的产业生态，涵盖了多个相互支持、互补的产业群体。

蚂蚁岛在经济和社会发展方面充分体现了"地瓜经济"模式的精髓：在本土市场打下坚实基础的同时，不断拓展外部市场，吸引外部资本，并通过创新和可持续性的实践，实现经济的多元化和社会的全面进步。这不仅为浙江省的其他地区提供了宝贵的借鉴经验，也为其他类似地区的可持续发展提供了重要的启示。

8

蚂蚁岛与"数字浙江"

8.1 "数字浙江"

从发展趋势来看，数字经济已经成为推动我国经济高质量发展的重要动力。党的十九大对建设网络强国、数字中国、智慧社会作出了战略部署，提出要推动互联网、大数据、人工智能与实体经济深度融合。浙江是全国唯一的"两化"深度融合示范区和信息经济示范区，并于2019年10月入选首批国家数字经济创新发展试验区，是我国数字经济发展的先行者。

通过发展数字经济，浙江率先实现了新一代信息技术蓬勃发展，产业结构不断优化升级，新经济发展取得重大突破的产业变革。以浙江为样本，深入剖析其数字经济的发展经验和建设路径，对全国其他地区加快数字经济发展具有重要的参照价值和借鉴意义。

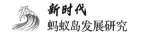
浙江是我国数字经济发展的排头兵，通过积极引进和应用先进的信息技术，推动传统产业的数字化转型，培育新兴产业，促进经济结构优化升级。在数字经济的推动下，浙江省数字经济增速全国领先，数字政府建设成效显著。这些成就的取得，离不开浙江对数字基础设施的持续投入和对创新创业的高度重视。浙江的数字经济发展模式，强调政府引导与市场主导相结合，政策支持与企业创新相辅相成，为数字经济的蓬勃发展提供了坚实保障。

8.2 "蚂蚁搬家"数字赋能

8.2.1 浙江数字经济发展的模式特征

从全国来看，相比广东、江苏等省份，浙江的数字经济在总量规模和核心产业方面并不占优势，但浙江结合自身经济基础，走出了一条独特的发展道路，形成了以下几个特征。

8.2.1.1 数字产业化模式

浙江在数字产业化上探索出了以商业模式创新引领、推动数字技术突破的路径。作为全国互联网产业的高地，浙江在消费领域的"互联网＋"实践中具有明显的优势。截至2023年底，浙江省网民规模超5800万人，互联网普及率达87.8%。

新技术和新模式如"云上"银行、无人超市、移动支付、互联网法院、互联网医院等在浙江率先落地，浙江在跨境电商、新零售、移动支付、共享经济等领域引领发展。如杭州率先实现公交、地铁和高速出行的移动支付应用，成为无现金城市和全球移动支付之城。依托消费领域的优势，浙江企业的技术创新获得了良好的市场回报，涌现出一批领先的互联网和高新技术企业。

浙江在发展数字经济的过程中，充分利用其地理位置和经济基础，注重商业模式的创新和信息技术的应用，形成了独特的产业生态系统。淘宝网、阿里巴巴和支付宝分别成为全球知名网络零售电商、产业电商和网上支付平台，海康威视和大华科技在数字安防技术方面处于全球领先地位。得益于平台效应、大数据积累和广泛的应用场景，以阿里巴巴为代表的龙头企业在大数据、云计算、人工智能等技术领域取得突破。目前，阿里云是全国最大、世界第三大的公有云公司，付费用户超过 100 万户。

8.2.1.2 产业数字化发展

浙江省以低成本驱动，专注于传统及中小企业智能化改造，为数字经济增长提供核心支撑。在产业数字化方面，浙江省采取了一种低成本、适应传统产业和中小企业智能化改造的特色策略，这一策略是数字经济增长的关键支柱。

8.2.1.3 创新生态构建

浙江以高能级平台为基础，汇聚创业与创新人才，开辟特色发展道路。在创新生态构建方面，浙江省走出了一条依托高能级平台建设，汇集创业创新人才的独特道路。自改革开放以来，浙江人民依靠"敢为人先、特别能创业"的精神，大力走上了创业创新之路，这种精神孕育了众多草根创业者，并形成了一个充满活力和激情的创业生态体系及浙商精神。在数字经济的发展过程中，浙江以构建高能级的创新平台为核心，全力打造一个优质的创业和创新生态系统。这一生态系统通过"城市群—科创大走廊—

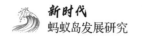
科技新城—特色小镇"的空间布局，为浙江省的数字经济发展提供了新的动力。

8.2.1.4 数字经济治理

浙江省以"最多跑一次"策略为核心，推动体制机制创新及治理能力现代化。在数字经济这一新经济形态的发展过程中，浙江省对待新生事物主要采取积极肯定的态度，这反映了对创新的一种深度接纳。浙江省以政府自身的深化改革为突破口，展开了一系列"刀刃向内"的自我革命。政府通过减少自身权力来激发市场和社会活力，这种"减法"为市场带来了"加法"的活力，进而产生了"乘法"效应。以"最多跑一次"政策为例，浙江省政府以此为核心，推动了政务服务的数字化转型，这不仅提高了服务效率，还促进了政务服务流程的重构、数据共享以及业务协同。此外，浙江政府的数字化转型不仅提高了政府的服务质量，还促进了互联网、大数据、人工智能等技术的创新。作为"数据海洋"的巨轮，政府拥有庞大的数据资源和渠道，这为企业的技术应用、创新和市场拓展提供了无限可能。浙江的这一系列措施和成功经验，为我国其他地区培育新动能、推动经济高质量发展提供了重要启示。

8.2.2 浙江实践的经验启示

8.2.2.1 新经济培育：提前布局和规划以早日获益

当前，我们正处于新一轮科技革命和产业变革的关键时期。利用信息化培育新动能、推动新发展并加速新旧发展动能的转换，成为全国各地的共同任务。浙江的数字经济实践展示提前布局和规划可以早日受益。特别是杭州，其成为浙江互联网产业的发展高地，很大程度上得益于早期的战略规划和持续的政策实施。

8.2.2.2 数字经济发展：激发微观主体的活力与创造力

数字经济，作为一种创新和人才驱动的经济形态，其核心在于激发微观主体的活力和创造力。浙江省在数字经济的发展过程中，通过吸引和培育创业人才及创新企业，形成了持续涌现的动力源。面对转型的必要性，浙江多数企业感受到了强烈的压力，徘徊在"转型怕死、不转型等死"的困境中。为了应对这种挑战，浙江省一方面通过建设各种创新平台，积极吸引国内外顶尖人才，另一方面还通过实施"小微企业三年成长计划"和市场主体升级等措施，增强了企业尤其是龙头企业、骨干企业以及中小微企业的创新能力。此外，浙江省还积极建设了之江实验室等一系列高水平科研机构，支持民营企业建立高级研发机构，并与科研院所合作攻克关键核心技术。在块状经济和产业集群中，浙江全面推广了产业创新服务综合体等服务，这些服务致力于集聚各类创新资源，为中小企业创新发展提供全链条式支持。通过这些综合措施，浙江省助力传统企业提升内部能力，适应并驱动新经济，使其成为创新发展的关键力量。

8.2.2.3 数字经济支柱：传统产业的数字化转型

党的十九大报告强调了互联网、大数据、人工智能与实体经济深度融合的重要性，明确指出这是数字经济发展的核心。对于数字技术来说，它为传统产业提供了重要的应用场景；反过来，对于传统产业，数字化转型不仅是新旧动能转换的关键，也是推进供给侧结构性改革的基本路径。浙江省作为一个传统产业大省，始终将这些产业的数字化转型视为数字经济发展的重点。浙江省在传统产业的数字化转型过程中也面临一些问题，如：

企业在面对技术变革带来的不确定性、自身数字化能力的不足，以及数字技术应用成本过高等问题时，常常表现出较强的畏难情绪。此外，从区域发展来看，传统产业的数字化程度不均，也导致了经济增长的地区差异。杭州和宁波在数字化推进方面明显领先，而那些传统产业比重较高且数字化进展缓慢的地区则经济增长乏力，从而形成了明显的"数字鸿沟"。为了应对这些挑战，浙江省实施了数字经济的"一号工程"，旨在全省范围内推动生产力的再优化。这一策略旨在推动浙江省形成协同发展的新格局，加快全省经济的整体提升。

8.2.2.4 先导力量：政府在经济数字化转型中的角色

政府数字化转型被视为经济数字化转型的先导力量。为了构建高效的治理机制，必须全面理解数字技术的价值并精确把握其应用规律。浙江省在推动数字经济发展过程中，把政府的数字化转型作为重塑营商环境和创造新优势的关键入口，通过为企业和个人提供便捷与个性化的服务，不仅极大优化了营商环境，还为"大众创业、万众创新"的数字经济环境打造了良好的基础。为了进一步推动数字经济的发展，浙江省坚持实施包容审慎的治理理念，不断优化治理模式和手段，努力通过提升行政效率和降低制度性成本来营造一个规范公开有序、公平竞争的市场环境。在具体措施方面，浙江省政府一方面坚持将保护创新和促进发展作为立法和监管的主导方向，因地制宜调整监管策略，及时清除那些阻碍经济发展的不合理规章制度，从而营造一个开放和包容的业务发展环境，另一方面也积极评估并准确判断各领域在发展过程中出现的新情况和新问题，为新业务和新业态的发展预留足够空间。这包括适应数字经济市场主体快速变化的特点、业态的新颖性以及规模的小型化，在技术创新与风险应对、网络开放与安全保障、数据挖掘与隐私保护、数据垄断与有序竞争等方面寻求平衡。在政策制定过程中，浙江省政府充分实施普惠共享的发展理念，使政策的受益主体更加多元化，确保消费者和小微企业都能从数字经济的发展中获得实际利益。此外，浙江省政府还着力规范数字消费环境，加快完善数字消费相关的法律法规体系，以形成一个让消费者能够自由消费、安心消费、愿意消费的健康发展氛围。这些综合措施不仅加强了政府的服务能力，也为浙江省数字经济的持续健康发展提供了坚实的政策支持和治理基础。

8.3 "蚂蚁岛精神"数据库构建

蚂蚁岛的地域文化精神是在其特有的环境中逐渐形成的，反映了该岛悠久的历史和厚重的文化的累积与融合。蚂蚁岛的文化是多样性与独特性、传统性与时代性交融的结果，体现了文化随时间演进而持续发展的动态过程。这种独特的文化景观使得蚂蚁岛成为研究中华文化多样性和复杂性的一个重要窗口。

8.3.1 "蚂蚁岛精神"数据库构建的意义

构建"蚂蚁岛精神"数据库不仅是对蚂蚁岛改革开放以来辉煌历史和奋斗精神的汇聚，也是对其地域精神的数字化表达，具有深远的理论价值和实际意义。首先，这一数据库能够整合蚂蚁岛的历史文献资源，通过数字化的方式全面、立体地向公众展示蚂蚁岛的红色精神和信仰光芒，为岛屿未来的发展擘画新机遇。例如，可以通过这个数据库向外界宣传蚂蚁岛丰富的旅游资源，如全国第一个渔业人民公社和"三八"海塘等，这不仅有助于推广舟山的城市文化，还能增强舟山人民的文化自信。其次，随着移动互联网的普及，数字化资源为用户提供了便捷的使用体验。通过"蚂蚁岛精神"数据库，舟山居民可以方便地查阅相关的档案资料，这不仅增强了他们的幸福感和自豪感，也促进了文化传承和教育的现代化。最后，地方机构通过构建本土文化数据库，有助于城市信息资源的整合和研究。在网络环境下，知识的传播和更新速度显著提高了，基于数字化管理的本土文化数据库能更好地适应和推动城市的未来发展。20世纪50年代，在这个小岛上，人民通过艰苦奋斗实现了诸多第一，如成立了全国第一个渔业人民公社，实现了浙江省第一次渔船机帆化，以及成为浙江沿海地区第一次实行电灯照明化的渔村。这些成就不仅展示了蚂蚁岛人民的创新精神和勇气，也为全国提供了宝贵的经验和启示。通过这样的数据库，这些珍贵的历史和文化资料能够得到更广泛的应用，激励更多人学习和传承蚂蚁岛的奋斗精神。

蚂蚁岛的干部群众，以满腔的热情、冲天的干劲以及炽热的青春开展了战天斗海的建设事业，彻底改变了蚂蚁岛的面貌，体现了蚂蚁岛干部群众为人民谋幸福、为国家谋复兴的初心与使命。蕴涵丰富红色文化的蚂蚁岛精神，已成为中华民族精神、优秀文化、党史学习教育的重要组成部分，反映了以爱国主义、艰苦奋斗为核心的民族精神和以改革创新、勇争一流为核心的时代精神，是社会主义核心价值观的生动体现。蚂蚁岛精神道出了新时代蚂蚁岛振兴的发展动力。在新时代中国特色社会主义的伟大实践中，尤其在党史学习教育过程中，我们必须激发蚂蚁岛精神的信仰之光，进一步挖掘和弘扬蚂蚁岛精神。蚂蚁岛精神，是根植于浙江省舟山市的红色革命精神，是感召浙江省甚至全国人民群众砥砺前行的动力源泉。尊重并延续地方的历史文脉和精神，是地方文化建设的核心任务。这不仅是对过往传统的维护，也是为未来的发展夯实精神基础和提高文化承载能力的关键。蚂蚁岛的例子尤为显著，其在近年来获得的一系列殊荣不仅是对岛上历史和文化努力的肯定，也展示了蚂蚁岛精神如何在新时代继续发挥其指引和激励作用。蚂蚁岛的发展成就，从根本上讲，是地方精神的现代表达。这种精神强调的是创新、坚韧和社区的团结，为当地社会的持续发展提供了动力。因此，当地政府和社区领导者都将这种精神视为推动社会经济发展的重要力量。通过地方文化的有意识建设和传承，我们不仅能保护这些珍贵的文化资产，还能在全社会范围内促进更广泛的文化认同和参与。此外，蚂蚁岛精神的传承和发扬，特别是通过教育、文化活动和媒体的广泛传播，使得这种地方精神在新的社会经济条件下重新被定义和强化。这种持续的文化动力是蚂蚁岛在面对现代化挑战时能够保持独特性和竞争力的关键。在全球化和技术快速变革的今天，蚂蚁岛通过这种方式保持了其文化的活力和相关性。

8.3.2 "蚂蚁岛精神"数据库简介

8.3.2.1 系统架构

（1）数据库软件

数据库软件使用 MySQL 5.1.50。MySQL 5.1.50 是甲骨文公司开发的一个关系数据库管理系统，具有体积小、速度快、成本低等优势，应用广泛。MySQL 的开源特性使其与 PHP 和 Apache 服务器软件协同工作，从而形成一个高效的开发环境。

（2）服务器软件

服务器软件采用 Apache 2.2.16。Apache 2.2.16 是一个开源的 Web 服务器软件，具有出色的跨平台和安全性能，应用广泛。

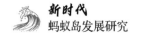
（3）开发语言

该数据库使用 PHP 5.2.14 进行开发。PHP 是一种服务器端执行的脚本语言，它可以嵌入 HTML 执行，支持几乎所有的流行数据库和操作系统，具有执行效率高的优点。

8.3.2.2 主要功能

（1）数据加工与发布

该功能允许用户高效处理和发布数据，通过用户友好的界面，支持多种文件格式的批量导入。此外，该功能还包括自动根据文件名匹配并生成所需的题名，可大幅简化操作步骤，提升工作效率。

（2）数据检索

该系统提供灵活的数据检索选项，包括简单检索和高级检索。简单检索允许用户通过题名字段快速查找数据，而高级检索则进一步支持对作者、来源、文摘等字段进行详尽查询，并可根据发布日期限定范围，支持结果的排序功能（升序或降序），从而实现更精确的数据查找。

（3）用户管理

该系统设计了前台用户注册和后台管理功能，允许管理员增加、删除、管理和审核用户。用户权限设置灵活，分为系统组和会员组两大类：系统组用户具有包括系统管理和信息数据管理在内的权限；会员组用户则可进行信息发布、查看、下载和阅读等操作。此外，通过用户分组管理，系统可以根据实际需求设置权限，在确保数据安全的同时提高管理效率。

（4）全文下载

该系统支持通过 FTP 方式进行文件全文下载，这种方法的优点是安装简单且无须专门的客户端，方便用户管理和使用，从而使得文档共享和传输更为便捷。

（5）在线阅读

该系统能够将上传的文件自动转换为 SWF 格式，提供统一的文件格式进行在线阅读。这种功能扩大了适用范围，确保了阅读速度和兼容性，使用户可以直接通过浏览器进行阅读，真正获得了便捷的在线阅读体验。

8.3.2.3 建设目标

（1）文献信息持续更新和管理

该系统将不断搜集和更新相关的文献信息资料，以使数据的量和质同时得到保障。此外，该系统将实施基于原始数据仓储的文献全生命周期管理，从采集、存储、使用到维护和归档，确保文献资源的持续有效利用。

（2）全文检索功能优化

该系统将扩大检索范围并实现全文检索，以提高检索的全面性、准确性和精确度。这将大幅提升用户对服务的满意度和体验感，使用户能够快速、准确地找到所需信息。

（3）增强数据处理能力

该系统的后台将增加数据统计与导出功能，从而使管理员能够根据需要对特定数据进行检索，同时支持将这些数据导出为电子表格格式，便于进行更深入的数据分析和研究。

8.3.2.4 存在的困难

（1）硬件设备投入

数据库系统的搭建需要购买服务器和其他硬件设备，这可能涉及显著的初期成本。

（2）数字化转换成本

纸质资源的数字化转换需要相关的扫描和处理设备，这可能需要额外

的资金投入或选择外包服务。

（3）软件与资金需求

构建数据库系统可能需要购买专业的付费软件，这会进一步增加项目的资金需求。同时，整个项目的维护和更新也需要持续的财政支持。

8.3.3 "蚂蚁岛精神"数据库的关键构建模块

"蚂蚁岛精神"数据库的核心架构由数据模块、集成模块和服务模块三大部分组成，它们协同工作以确保数据库的全面功能实现和高效运作。在数据模块中，关键任务是对蚂蚁岛地区的丰富历史资料进行数字化处理。这包括将纸质文档、档案和其他形式的记录通过高精度扫描和摄影技术转换成数字数据，随后对这些数据进行精细的标签化处理，以便于未来的存取、管理和检索。这一阶段的工作可为数据库的深层次功能打下坚实的基础。集成模块承担着将数据模块中收集的零散信息进行有效整合的任务，它通过应用先进的数据处理技术，对杂乱无章的初步数据进行排序、分类、清洗和最终的归档。这不仅包括修正错误和消除冗余信息，还涉及根据关联规则将信息系统化，从而形成结构化的知识库。这个过程是动态的，会随着新数据的不断加入和现有数据的更新而不断调整和完善，从而确保数据库信息的时效性和准确性。服务模块是数据库向用户展示信息的前端界面，它通过直观的用户界面和多样的交互方式，如可视化时间线、地理信息系统导览等，允许用户根据个人兴趣和研究需要从不同角度和维度探索蚂蚁岛的历史和文化。该模块的设计注重用户体验，旨在使用户能够轻松访问和理解复杂数据，从而更深入地了解蚂蚁岛的历史文脉和文化精神。此外，服务模块还支持定制化查询和个性化内容展示，这进一步增强了用户的互动性和满意度，使得"蚂蚁岛精神"数据库成为一个全面的文化传播和教育平台。

8.3.4 构建"蚂蚁岛精神"数据库的保障措施

8.3.4.1 技术保障

技术保障对于"蚂蚁岛精神"数据库的成功构建至关重要,涵盖技术人才保障、技术平台保障以及持续的技术维护和升级三个关键方面。

（1）技术人才保障

为了稳定现有的人才资源体系,我们必须采取措施防止优秀人才流失。其中,建立和维持一个激励机制是关键,具体包括提供竞争性的薪酬、职业发展机会、持续的教育培训和一个富有挑战性的工作环境。这些措施将激励人才积极参与到数据库的各个建设和运维阶段,确保项目的长期成功和技术创新。由于目前信息技术和知识工程领域的人才稀缺,我们需要通过校企合作、国际招聘等多元化途径加强这些领域的人才引入。这将为数据库的构建、维护和未来的扩展提供持续的人力资源保障,促进技术水平的提升和创新能力的增强。

（2）技术平台保障

我们构建的是一个功能全面的服务平台,整合了用户访问、系统维护以及系统动态更新等功能。该平台应具备强大的用户身份验证、高级检索能力、城市资源链接以及个性化推送功能,以满足不同用户的需求。系统的软硬件动态更新对于提升平台功能至关重要。因此,要确保有足够的技术预算和资源用于不断购买或开发更新更先进的技术设备和软件系统。此外,该平台应支持数据的开源访问和共享,以适应动态的数据更新需求和多用户的同时在线操作。

（3）持续的技术维护和升级

随着技术的不断发展和用户需求的变化,持续的技术维护和升级变得

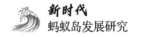
尤为重要，其具体包括定期评估系统性能、更新安全协议和修补漏洞，以及根据用户反馈优化功能。

8.3.4.2 资源保障

首先，建立文献资源保障制度对于蚂蚁岛数字资源管理至关重要。这包括重视和扩展本土文化数据库的构建，确保文化精神资源的系统化和规模化。这种方法符合大数据时代的需求和数字图书馆的发展趋势。通过对内外部各类现有文献和数据资源的梳理与重组，我们可以为用户打造一个智慧型的资源门户，使资源的获取和使用更加高效和直观。通过这种集中管理和优化资源的策略，我们可以大幅提升资源的可访问性和利用率。其次，要保障数字文献资源的完整性和安全性，同时还必须加强对用户数据的管理。通过分析和利用用户小数据，可以实现个性化资源推送，从而针对不同用户的偏好和需求，提供他们感兴趣的内容。这不仅增加了用户的满意度，而且促进了数字资源的高效利用和增值，从而为用户创建了更加个性化和动态的交互体验。最后，从人力资源的角度来看，确保数据库功能的全面实现非常关键。数据库的维护和更新需要大量精细的工作，包括资源的采集、整理、录入、标注以及定期更新，这些都需要专业的技术人员和内容管理者共同完成。此外，为了使数据库更好地满足用户需求，管理团队需要进行深入的市场和用户需求调研，以便精准地优化数据库服务和功能。构建一支高效、专业的团队是实现这一目标的基础，对于推动数据库长期发展和提升用户满意度至关重要。

这三个层面的系统策略和措施，可以确保"蚂蚁岛精神"数据库不仅在技术上先进，而且在资源整合、用户服务和团队运作上都能达到优化效果，从而有效地支持和促进蚂蚁岛文化的数字化传播和研究。

8.3.4.3 协作机制

在数字人文技术的推动下，图书馆、博物馆、档案馆、纪念馆等文化机构之间的协作变得尤为重要，这种协作不仅符合各方的根本利益，而且对于提升文化传承和信息共享的效率具有重要意义。因此，蚂蚁岛地方应积极推动与这些机构在构建蚂蚁岛文化数据库方面的合作，建立一种多方协作机制。此种协作机制将允许不同机构共享文化资源，这是构建高质量本土文化数据库的重要保障。通过技术、资源和人员的共享与交流，每个参与机构都能发挥其在数据库构建中的优势。例如，在资源采集、基础架构搭建、程序语言使用及代码编写等方面，蚂蚁岛地方应组织这些机构进行定期沟通，以促进知识的交流和技术的整合，从而提高"蚂蚁岛精神"数据库的科学性、安全性和稳定性。此外，加强蚂蚁岛地方研究人员与其他机构研究人员之间的交流和学习也至关重要。这不仅有助于研究人员相互借鉴管理和研究经验，还能促进数字人文项目的推广应用，提高本土文化数据库的社会影响力。多元主体之间的深度协作将极大地提升资源整合的效率，减少重复劳动和资源浪费，同时也能降低整个项目的运行成本，实现更有效的文化资产管理和利用。

8.4 蚂蚁岛数字博物馆建设

随着数字技术的飞速发展和广泛应用，人文学科与数字科技的结合越发紧密。数字博物馆可以充分运用数字多媒体技术，不仅对实物展品进行数字化分析和处理，还通过互联网展示丰富的内容。与传统博物馆相比，数字博物馆的最大特点在于沉浸性和交互性。数字博物馆通过先进的数字

媒体技术，不仅创建了虚拟的现实情境，还包括了互动游戏、音频视频内容以及交互设计，极大地增强了参观者的体验感。这种沉浸式体验不仅激发了观众对展览的兴趣，还加深了他们的理解和学习。在数字人文科学的推动下，地方博物馆正通过构建城市文化数据库来传承和保护城市文化。这种做法不仅强化了博物馆作为文化传承的功能，还利用数字技术开展了"城市记忆"工程的建设。这些项目试图从数字人文的视角，构建"城市记忆"的资源体系，以新的方式保存和传播城市的历史与文化遗产，显示出数字技术在现代城市文化保护和传播中的巨大潜力和价值。

8.4.1 虚拟数字博物馆

当前，随着"互联网＋"环境的深入发展，构建蚂蚁岛数字博物馆变得尤为重要。这一创新项目旨在突破蚂蚁岛地区传统民俗的简单、零散和静态电子化表现，采用更为动态和多媒体的表达方式，如音频、视频等，以全面和具体地展示蚂蚁岛的艰苦奋斗历史。利用图像、视频和文字等综合性数字化技术，蚂蚁岛数字博物馆将通过一些关键的网络平台进行推广。首先，"蚂蚁岛精神"数据库将作为核心资源库，储存所有相关的历史文献、图片、纪录片段等资料，这些资料将被充分利用来制作丰富的多媒体展示内容。其次，官方网站将提供一个互动式访问界面，让访问者可以直观地浏览到这些多媒体内容，理解蚂蚁岛的文化和历史。最后，官方公众号的建设也是关键。官方公众号不仅可以作为传播和推广的渠道，还可以定期提供更新的内容，如视频短片、互动问答等，以增强公众的参与感。通过这样的构建，蚂蚁岛数字博物馆并不是一个简单的在线展览平台，而是一个综合性的文化教育项目，它利用现代数字技术手段，使蚂蚁岛的文化和历史以全新的方式呈现给公众，加深了社会对蚂蚁岛精神的认识和理解。这种方法不仅为蚂蚁岛的文化遗产保护提供了一个创新途径，还为全社会特别是年轻一代提供了一种易于接受和互动的学习方式。

8.4.1.1 蚂蚁岛数字博物馆数字信息采集及数据库构建

蚂蚁岛数字博物馆利用数字摄影和虚拟现实技术，通过网络对蚂蚁岛的历史、艺术和现状进行深入采集，为创建专门的数据库提供原始资料。这种信息的数字化处理有助于文化的保存和传承，同时也使得资料的查阅和访问更加方便。

8.4.1.2 蚂蚁岛数字博物馆平台搭建

在建立有效的数据库之后，我们可以通过分析蚂蚁岛的发展历史，为蚂蚁岛数字博物馆网站分设不同模块，包括"三八"海塘和人民公社等内容。

界面设计作为用户与网站之间的桥梁，极大影响了访问者的浏览兴趣和心情。一个风格一致、简洁明了的界面是传统民俗文化设计的核心。本项目采用 HTML5 和 CSS3，确保界面既美观又易用。此外，考虑到微信公众号的高关注度和即时互动特性，通过微信公众号推广蚂蚁岛精神，能显著提升其传播速度，扩大传播范围。微信公众号栏目可包括"关于蚂蚁岛"（介绍基本信息）、"奋斗历史"（涵盖"三八"海塘及人民公社等）及"资讯"（介绍地区活动）等。

蚂蚁岛数字博物馆的建设，不仅是对舟山市先进文化宝贵遗产的一种保护，更是传承和发扬蚂蚁岛精神的重要举措。这种数字化的平台能够使文化传播跨越时间和空间的界限，更有效地触及广大群众，尤其是年轻一代。蚂蚁岛的精神和历史，作为旅游资源的核心部分，通过这样的数字博物馆形式得以更广泛的传播，从而可以吸引更多的游客，推动本地旅游业

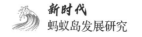

的繁荣发展。此外，该博物馆的建设也将极大地促进舟山市经济的增长，尤其是在旅游和相关服务业方面。

数字博物馆在信息化教育的大背景下具有特殊的教育意义。通过互动式的展览和丰富的数字资源，我们可以更有效地进行教育普及，尤其是对中小学生的精神文化教育。这种新型的教育方式能够提高学生对本地文化的认知和尊重，同时增强他们的社会责任感和自豪感。通过这种教育模式，我们不仅能够教育学生了解历史，更能激励他们参与到文化的保护和传承中来，确保这些珍贵的文化资产能够代代相传。

8.4.2 实体数字博物馆

科技的进步为博物馆和科技馆提供了未来展览的新方向，特别是多媒体展览陈列室。这种前沿展示技术结合了多媒体技术手段和设备，通过声音、光线和电子技术的综合运用，极大地提升了展览的互动性和观赏价值。例如，通过精心设计的视频、音频、图片和文字的组合，多媒体展览可以使观众在视觉和听觉上获得全面的体验，进而激发他们的探索兴趣和情感共鸣。

在博物馆中，多媒体技术的应用极为广泛，包括但不限于音频技术、触屏技术、影片、互动技术等。这些技术不仅提升了展览的信息传递能力，也增强了展品的吸引力。

（1）多媒体音频技术

多媒体音频技术是利用多媒体手段对声音进行处理和传播的一种技术，通过其独特的音效为博物馆展览注入新的活力。声音作为信息的重要传递媒介，能够通过多媒体音频技术主动与参观者的行为产生互动，从而增强博物馆展览环境的感染力。这样的互动不仅可以激发参观者的历史时空感，还能给予参观者身临其境的体验效果。例如，在展示古代钟磬时，通过多媒体技术释放出逼真的钟磬声，不仅可以使参观者对钟磬有所了解，还可以加深他们对钟磬的印象，提升钟磬的艺术魅力。多媒体音频技术可以模拟和还原各种历史场景和声音，给参观者带来沉浸式的体验。例如，在展示古代战争场景时，通过环绕立体声音效再现战场的声音，可使参观者仿佛置身于那个历史瞬间。同时，这项技术还能根据参观者的行动触发特定音效，使展览更加生动。例如，当参观者靠近某件展品时，传感器检测到参观者的存在，便自动播放与该展品相关的解说音频或历史背景音乐。这种互动不仅增加了参观的趣味性，还能让参观者更深刻地理解和记忆展品的历史文化价值。

（2）多媒体触屏技术

多媒体触屏技术是指通过对特定屏幕的触摸，产生一系列交互情景的一种技术。这项技术不仅可以灵动、有效地传递展览内容，还能帮助参观者进行学习和浏览。多媒体触屏技术的优势在于其对使用者操作的快速灵敏反应。参观者通过触屏可以自由浏览展品信息，控制展品图片的大小，深入了解展品的历史和文化内涵。多媒体触屏技术打破了单一、固定展示的限制，使参观者不再受制于展馆工作人员的介绍，通过自主探索也可获得丰富的知识体验。在博物馆的应用中，多媒体触屏技术还可以结合虚拟现实（Virtual Reality, VR）和增强现实（Augmented Reality, AR）技术，进一步提升展览的互动性和吸引力。例如，参观者可以通过触摸屏幕体验虚拟导览，即仿佛在虚拟世界中漫步于历史场景，探索古代文明的每一个角落。AR 技术则可以在触屏上叠加虚拟信息，与实际展品互动，增加参观者的参与感。这种技术的应用能使博物馆展览更加生动、立体，从而提高参观者的学习兴趣。

（3）多媒体影片

在博物馆中，利用多媒体影片讲述不同历史时期及其展览文物的故事，

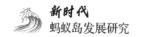
可以使展览更加生动形象、吸引人。多媒体影片不仅可以让观众仿佛置身其中，体验到意想不到的环境声效和视觉效果，还能大幅度提升展览的广度和深度。例如，博物馆可以设置小型影院，结合2D、3D、4D等技术放映不同的微型电影。这些影片可以根据展览内容制作，呈现文物背后的历史故事和文化背景，使参观者在观看影片的过程中深入了解展品的价值和意义。多媒体影片不仅仅是视觉和听觉的盛宴，更是一种情感和思想的交流工具。通过多媒体影片，博物馆可以将复杂的历史事件和文化故事以直观、生动的方式呈现给观众，使难以理解的内容变得简单易懂。多媒体影片还可以是访谈记录片的形式，提供权威的解读和分析，增强观众的知识储备和理解能力。

（4）多媒体互动技术

多媒体互动技术通过互动游戏等方式增强参观者的学习兴趣，实现寓教于乐的效果。互动游戏在博物馆展览中扮演着越来越重要的角色，能够有效实现参观者与展品、观众与观众之间的对话交流。例如，在参观古代玉器的展品时，可以将玉器的制作过程分成几个小部分，打乱制作顺序，让参观者自己对玉器制作过程进行排序。通过这种小游戏，参观者可以潜移默化地学习到玉器的制作工艺和文化内涵，加深对展品的理解。多媒体互动技术还可以结合人工智能和机器学习技术，实现更加智能化和个性化的互动体验。例如，博物馆可以开发智能导览系统，根据参观者的兴趣和行为轨迹，推荐个性化的展览路线和内容。参观者可以通过语音或手势与系统进行互动，获取他们感兴趣的展品信息。这种智能化的互动不仅提高了参观的便捷性和趣味性，还能满足不同参观者的需求，提升博物馆的服务质量和观众满意度。

（5）手持互动装置

手持互动装置是为方便参观者进行讲解和导览而设计的，极大地降低了博物馆工作人员的劳动强度。手持互动装置可以方便地调取相关媒体内容并使其出现在合适的互动界面上，为讲解员向游客讲解展览背后的故事提供强有力的工具。例如，参观者可以通过手持互动装置扫描展品上的二维码，获取详细的文字、图片和音频解说，了解展品的历史背景和文化价值。无线手持互动装置还可以结合馆内影院环境，使单向的影视播放变成互动的交流节目，增强参观者的参与感。手持互动装置的应用不仅提高了博物馆的服务质量，还提升了参观者的体验感受。例如，参观者可以通过手持互动装置进行实时的反馈和评价，参与博物馆的互动活动和问答游戏，增加参观的趣味性和互动性。手持互动装置还可以与博物馆的会员系统和社交媒体平台结合，实现展品信息的分享和交流，扩大博物馆的影响力和受众范围。通过手持互动装置，博物馆可以实现更加高效、便捷、智能的服务，为参观者提供全方位、多层次的文化体验。

8.4.3 互动技术和VR技术

VR技术增强了观众的参与感和体验感，使他们能够更深入地了解文物的内涵。传统博物馆展览往往缺乏互动性，但数字化技术的兴起为博物馆带来了新颖、有趣且互动性更强的展陈方式。博物馆应通过这些技术手段将观众的角色从被动接受者转变为主动参与者，从而使他们更全面地理解文物的价值和内涵，同时提升展览的效果。例如，利用互动技术，博物馆在讲解文物历史时可以为观众提供立体直观的展示，通过沉浸式互动体验，观众能够与文物进行零距离接触，这可以增强展览的趣味性和互动性。目前，许多博物馆正逐步迈入数字化时代，采用了包括VR在内的先进技术，并设立了VR场馆。在这些场馆中，高清的VR技术与3D扫描、全景技术相结合，使观众能够突破时空限制，仿佛置身于千年前的历史现场。观众

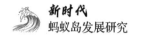

可以在鲜活的历史场景中行走、触摸和体验，与各种道具和文物进行互动，获得前所未有的沉浸式体验。

8.4.4 全息技术的具体构建与应用

（1）交互式、立体化宣传导览装置

通过创建全息化的展示橱窗、宣传海报，以及可互动的全息地图和电子书，博物馆能够提供全新的互动式讲解展示。全息投影技术可以改进博物馆的硬件设施，使展示方式更加立体化。此外，全息舞台剧技术可以制作全息讲解展示视频，提供更丰富的感官体验。全息文物立体影像则可以替代传统文物展示，实现多馆异地展示。文物数据库的建立将进一步促进相关应用的开发和建设。

（2）交互式、全角度的全息文物展示装置

全息摄影技术能展示文物的细节和全貌，有效解决部分文物不便运输和展示的问题。通过数字手段，文物的保存、修复和还原可以更便捷。全息摄影技术结合馆藏数据库后，可以实现细致、全方位的文物展示，从静态转变为互动式，从单一面展示转变为立体化全角度展示，为文物保护和展示提供了新的思路。

（3）基于移动设备的便携式"掌上博物馆"

全息摄影技术不仅适用于博物馆内部展示，还可扩展至移动终端。结合 Android 或 Apple 系统的 APP，或者与 GPRS 定位系统结合，博物馆可以丰富文物的展示模式，使观众能够随时随地通过移动设备观赏和了解文物的细节。此外，移动终端上的全息技术应用可以吸引年轻人，激发他们对博物馆文化的兴趣和学习热情。

8.4.5 全息技术再现文物历史背景

全息投影技术不仅能创造三维空中的立体幻象,还能实现幻象与演出者的互动,共同打造震撼的表演效果。对于传统博物馆在展示文物时所面临的单一展示方式问题,全息技术提供了一种新的解决方案。许多文物背后常有丰富的故事。这些故事虚实结合,往往难以仅通过传统视频完全表达。通过全息技术录制并与表演者互动,可以更生动地展示文物的历史背景、功能、传说及象征意义,从而更好地突出文物的独特魅力。

全息技术的应用不仅限于文物展示,还能与新兴技术如 VR 或 AR 技术结合。这种技术融合使得即便是难以搬运的洞窟等自然景观也能在全球各地展示。例如,可以用全息技术复原无法修复的遗址原貌,观众通过 3D 眼镜或移动设备即可欣赏到逼真的立体影像。此外,现代博物馆运营中不可或缺的文创商店也可通过结合全息技术与 3D 打印技术,利用全息资料库打印出精美的文物纪念品,这有助于缓解博物馆资金不足的问题。

9

蚂蚁岛精神的传承与发展

9.1 创新创业是艰苦创业精神的传承和发展

　　艰苦创业是蚂蚁岛精神的底色，也是蚂蚁岛精神的特质。自中华人民共和国成立至今，蚂蚁岛多次获得党和国家的高规格表彰。这是蚂蚁岛精神一代代传承的结果，是蚂蚁岛人民"艰苦创业、敢啃骨头、勇争一流"的结果。2005 年，习近平同志考察蚂蚁岛，这进一步激发了当地干部群众的创新创业热情。近年来，蚂蚁岛根据自身条件，量身定制了"精神立岛、渔业稳岛、生态建岛、工业强岛、旅游兴岛"五位一体的发展战略，绘制了从艰苦创业到创新创业的美丽发展蓝图，体现了创造性转化与创新性发展。

　　进入新时代以来，我国经济开始进入新常态，党和国家对推进农业

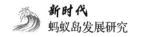

农村创业创新工作给予了高度重视。党的十九大报告强调，需促进农村一二三产业融合发展，支持农民就业创业，拓宽增收途径，并将乡村振兴战略视为解决"三农"问题的关键部署。同时，党的十九大报告也强调了创新在引领发展中的核心作用。

时代在进步，形势在发展。蚂蚁岛的发展事业是一场接力赛。老一辈蚂蚁岛人凭借着"艰苦创业、敢啃骨头、勇争一流"的蚂蚁岛精神，创造了许多属于蚂蚁岛的"高光时刻"。撸起袖子创新创业已成为新时代蚂蚁岛人生活的一部分：蚂蚁岛干部群众一直将发扬光大蚂蚁岛精神作为己任，始终坚持以蚂蚁岛精神为发展、创业之魂，蚂蚁岛管委会以打造特色样板小镇、和美海岛和红色主题岛为抓手，积极探索发展战略。全岛人民的创新创业意识，提升了蚂蚁岛的核心竞争力，强力推进了具有蚂蚁岛特色的"重要窗口"海岛风景线建设。

9.1.1 建立多方合作，强化智力支撑

蚂蚁岛不断深化蚂蚁岛精神的内涵，打造"南洞—蚂蚁岛"双核红色联盟品牌，将习近平总书记调研舟山时考察过的点串联起来，实现资源互补、品牌共创，加快特色文创产品品牌化、精品化，丰富优化红色培训资源。

9.1.1.1 优化培训内容，打造精品课程

原创精品党课，以红色教育、干部教育、廉政教育等为主要内容，结合蚂蚁岛的发展历史和生产劳作方式，精心设置同吃同住同劳动课程，具有感染力强、启发性强和代入感强等特点。蚂蚁岛推出了党务工作者培训班、入党积极分子培训班、廉政教育培训班等主题班次课程，以适应不同

培训主题的培训需求，得到了一致好评。

9.1.1.2 创新培训形式，注重体验教学

蚂蚁岛致力于打造集现场教学、课堂教学、云教学于一体的干部教育培训模式，"重现" 2005 年习近平同志在蚂蚁岛调研的主要线路，推出"重走初心路"体验式教学，让学员沉浸现场，通过参观、互动、体验使自身的思想受到启迪。

9.1.1.3 用好本土人才，讲好创业故事

蚂蚁岛成立了乡贤联谊会，旨在用好"三八"海塘修建、大捕船捕捞等历史亲历者及后代等本土人才，发动他们成为基地的宣传员。蚂蚁岛以 22 名党建指导员为核心，创建搓草绳队等 22 支文化团队，为培训学员提供体验式教学服务。此外，蚂蚁岛还发动老党员、东海渔嫂为学员讲艰苦创业故事。

9.1.1.4 打造红绿经济，建设和美海岛

蚂蚁岛也是"绿水青山就是金山银山"理念的坚定践行者。生态文明建设离不开一代又一代人的接力，近年来，蚂蚁岛一直致力于和美海岛的建设，注重"红色旅游＋绿色生态"经济齐头并进。在老蚂蚁岛人和新蚂蚁岛人的共同努力下，村民自觉把亲人的坟墓迁移到了旁边的无人岛上，开启了生者与死者分居大小蚂蚁岛的先例，此举为成就蚂蚁岛生态"绿岛"称号做出了贡献。同时，蚂蚁岛全岛上下积极投身环境整治，改进了污染严重的虾皮燃煤生产工艺，对樟树林游步道、生态景观带、美丽庭院等进行规划建设，垃圾分类处理运行实现了常态化，全岛实现了雨污分流。蚂蚁岛获得了全国环境优美乡镇、全国绿化先进单位、"全国创建文明村镇

工作"先进村镇等荣誉称号，"红绿"相得益彰的和美海岛建设取得实效：许多岛民开起了餐馆、民宿，相继创新推出"艰苦创业菜"等特色菜系，岛民的钱袋子鼓了，生活也有了盼头。

9.2 蚂蚁岛精神在新时代传承发展的密钥

蚂蚁岛的故事是一部改革开放史，它真实地展现了浙江改革开放的历程，生动地展现了全国各条战线上各行各业在改革开放中涌现出的先进人物和先进事迹，反映了浙江省在改革开放中所形成的宝贵精神财富。它既符合浙江的历史发展要求和现实状况，也体现了新时代我国经济社会发展的必然要求。时代在发展，精神需要传承发扬。在新时代，我们需要继续弘扬这种精神，需要把坚持基层党建引领、坚持艰苦创业初心、坚持集体主义信仰、坚持以人民为中心、坚持红色文化产业引领作为蚂蚁岛创新创业的根本保证、思想源泉、价值追求、发展理念和重要法宝。

9.2.1 坚持基层党建引领是蚂蚁岛创新创业的根本保证

中国共产党的领导是中国特色社会主义最本质的特征和最大优势。无论是 20 世纪 50 年代初，蚂蚁乡第一任乡长、第一任党支部书记李阿旺号召蚂蚁岛人民发扬自力更生、互帮互助、艰苦创业精神，先后成立蚂蚁岛渔业生产互助组与渔业生产合作社，还是现如今蚂蚁岛众党员领衔成立渔家民宿互助提升小组、与海中洲集团开展党建合作项目、老党员现身口述亲历艰苦创业历史的特色党课等，蚂蚁岛全体居民正致力于发展红色旅游和建设美丽小岛，展现了蚂蚁岛在新时代的创造性发展与创新性转变。这不仅是他们进行伟大奋斗的重要体现，也是蚂蚁岛在新时代的最大优势，是蚂蚁岛取得创新创业成就的根本保证，也是蚂蚁岛精神的逻辑起点。

9.2.2 坚持艰苦创业初心是蚂蚁岛创新创业的思想源泉

习近平总书记强调，中国共产党人的初心和使命，就是为中国人民谋幸福，为中华民族谋复兴，事业发展永无止境，共产党人的初心永远不能改变，唯有不忘初心，方可告慰历史、告慰先辈，方可赢得民心、赢得时代，方可善作善成、一往无前。艰苦创业是我党的优良传统，也是蚂蚁岛人内在的精神品质。中华人民共和国成立初期，一穷二白、条件恶劣的蚂蚁岛，凭借着艰苦创业、改变现状的初心和搓草绳换钱、造大船的韧劲，诞生了全国第一个渔业人民公社，修筑完成了"三八"海塘。在新时代，艰苦创业的初心继续鼓舞着蚂蚁岛党员干部带领人民群众积极谋划申报"国家级爱国主义教育基地"，全面打造红色小镇，推动一二三产业融合发展，建设绿色生态岛，等等。可见，坚持艰苦创业初心，已然成为蚂蚁岛人撸起袖子创新创业加油干的思想源泉。

9.2.3 坚持集体主义信仰是蚂蚁岛创新创业的价值追求

集体主义是社会主义的基本道德原则之一。20世纪50年代，蚂蚁岛人民依靠集体的力量，成功购置捕捞船，抢建"三八"海塘，利用有限的集体资金建造第一对机帆船、兴办水产加工厂等，这些事例印证了一个道理：要获得生存与发展，改变海岛贫穷落后的面貌，需要全岛齐心协力，以小小蚂蚁啃掉硬骨头的毅力，发挥集体的智慧和力量、埋头拼搏才能干成大事、创造伟业。新时代的蚂蚁岛人，正在探索把集体经济发展融入红

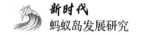
色教育基地建设、和美海岛建设中，以期带动岛内服务业高质量发展，促进海岛乡村振兴，走上共同富裕之路。以上种种事例表明，集体主义信仰已深深扎根于蚂蚁岛每个岛民的心中，形成了全岛上下同心同向发展的合力，这也是蚂蚁岛人在新时代进一步创新创业的价值追求。

9.2.4 坚持以人民为中心的思想是蚂蚁岛创新创业的发展理念

坚持以人民为中心是新时代中国特色社会主义的核心理念，是中国共产党最大的初心，也是蚂蚁岛乡政府坚持的基本思路。

人民是历史的创造者。蚂蚁岛人民具有艰苦创业的优良传统，在社会主义现代化建设和改革开放的各个时期，他们始终在各届领导干部的带领下同奋斗、共创业。进入新时代，蚂蚁岛管委会提出的五位一体发展战略从契合人民的需要出发，始终坚持中国共产党人的奋斗精神，始终同人民想在一起，干在一起，保持对人民的赤子之心，坚持与全岛百姓共画同心圆，实现了政府倡导与民间认同的上下呼应，通过发展集体主义经济，推出各类创新创业之举，既解决了渔农民的就业问题，也提高了他们的收入，大大增强他们的幸福感和获得感。蚂蚁岛精神在艰苦创业和创新创业中得以传承和发展，并成为蚂蚁岛立岛之本。

9.2.5 坚持红色文化产业引领是蚂蚁岛创新创业的重要法宝

2017 年，党的十九大报告首次提出实施乡村振兴战略。到了 2020 年，十九届五中全会进一步强调了优先发展农业农村，全面推进乡村振兴。2021 年，中共中央和国务院发布的一号文件明确将全面推进乡村振兴定位为实现中华民族伟大复兴的重大任务，呼吁全党全社会加快农业农村现代化，以改善广大农民的生活。

乡村振兴不仅关注外在形态的塑造，更重视文化的培育和传承。文化振兴是乡村振兴的核心部分，其中，红色文化作为引领者，体现了党在革命、建设和改革中的领导作用，它不仅是马克思主义基本原理与中国实际相结合的结果，还代表了中国共产党的信仰、制度、作风、道德和革命精神。红色文化的深厚道德情操和革命传统，是塑造和发展乡风文明的文化源泉。

习近平总书记指出："红色基因就是要传承。"在新时代的乡村振兴事业中，我们需要不断培育红色土壤，繁殖红色细胞，学习革命前辈艰苦创业的精神，把握当代乡村社会变革进程中的发展规律，使红色文化深入基层，充分发挥红色文化的引领作用，为乡村振兴注入新思路。在乡村振兴工作中，蚂蚁岛乡政府提出了五位一体发展战略，把乡村产业建设纳入乡村区域发展总体规划中，制定了完善乡村红色文化产业发展整体规划。蚂蚁岛乡政府与当地群众齐心协力，在继续发展传统产业的同时，注重平衡传统与现代、继承与发展的关系。他们积极探索如何将红色文化资源的合理挖掘与乡村振兴战略有效对接。作为红色教育基地，蚂蚁岛利用其龙头作用，整合区域资源，进行区域性建设，形成了集参观、学习和旅游等多功能于一体的红色主题旅游线路。这些旅游线路不仅提供革命传统体验和红色精神传承，还融入了绿色休闲观光的元素。通过"红色＋民俗""红色＋生态""红色＋美丽乡村"的特色化建设和发展模式，红色文化被深刻融入乡村产业的各个层面。这种模式不仅拓展了红色文化的乡村产业链，还促进了红色文化产业的融合发展，推动了乡村的绿色生态进步。基础扎实的红色文化产业，既有效引领和带动了全岛三产协同发展，让人民群众在乡村振兴的浪潮中，充分就业、增加收入，提升了生活品质，又有力传承了红色基因，延续了乡村文脉，记住了乡愁，让乡村更具文化魅力，乡村振兴有了新景象。

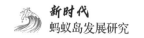

蚂蚁岛创新创业的成功范例体现了党的领导、人民当家作主、社会主义制度优越性的有机统一。作为"三地一窗口"的浙江省，正努力奋进在建设新时代全面展示中国特色社会主义制度优越性的重要窗口和高水平全面建设社会主义现代化新征程上，更需要各级主管部门以高度的政治自觉，结合时代特点，深入学习贯彻习近平总书记的重要讲话和重要指示精神，坚持以人民为中心，发挥社会主义制度的优越性，带领广大人民群众、各社会团体贡献集体的智慧和力量，上下聚力、合力推进各类创新事业发展。蚂蚁岛需要更多地依靠一代代人接续奋斗，与时俱进传承和发展蚂蚁岛精神，激励全省乃至全国人民在新征程上奋力续写好新时代蚂蚁岛艰苦奋斗的创新创业史，敢啃骨头，勇争一流，当好"重要窗口"风景线的建设者、维护者、展示者和推动者。

9.3 蚂蚁岛精神在新时代推动舟山的发展

蚂蚁岛精神，这一概念不再仅仅局限于小岛本身，而已经成为舟山发展历程中不可或缺的精神力量。例如舟山的鱼山岛，以前还是一座偏远孤悬的小渔岛，经过广大干部群众的辛勤劳动，如今它已蜕变成一座具有世界影响力的石化岛。这种辉煌的转变，正是蚂蚁岛精神在舟山大地上深化、实践和升华的具体体现。

艰苦奋斗的精神永远是时代的召唤。在新时代的背景下，"艰苦创业、敢啃骨头、勇争一流"的蚂蚁岛精神已经深深融入舟山精神之中，成为推动舟山全面深化改革、扩大开放的强大动力。这种精神成为一代代舟山人向海图强、实干争先的精神基因，支撑着他们在建设现代化海洋城市的征程上不断前行。

20 世纪 50 年代初，蚂蚁岛人民在贫瘠的条件下自力更生、艰苦创业。他们的这种坚韧不拔的精神，使得一穷二白的蚂蚁岛发生了翻天覆地的变化。中国（浙江）自由贸易试验区舟山片区的成立，正是这种精神得以进一步发扬光大的舞台。从"不产一滴油"的小岛，到今天拥有万丈高楼的现代化城市，中国（浙江）自由贸易试验区舟山片区打造了"油气自贸区"品牌，舟山成为全球第四大船加油港，建立了全国最大的油气储运基地和全球领先的绿色石化基地。

蚂蚁岛精神是舟山发展的灵魂，也是一种时代精神的体现。它引导着一代代舟山人传承、实践和创新。在未来的发展中，舟山将继续保持"艰苦创业"的初心，坚定"敢啃骨头"的决心，遵循"勇争一流"的恒心。通过改革的统筹谋划和系统集成，舟山将在开放创新的大海中乘风破浪，书写更加辉煌的篇章。

10

蚂蚁岛精神与企业家精神

10.1 什么是企业家精神

2021 年 9 月,中共中央批准了中央宣传部梳理的首批纳入中国共产党人精神谱系的伟大精神,企业家精神就是这些伟大精神中的一种。这一精神的纳入标志着党对经济领导力和创新能力的重视,强调了企业家在现代中国经济发展中的核心作用。

企业家这一概念最早由法国经济学家理查德·坎迪隆(Richard Cantillon)提出,他在其著作中将企业家定义为能够将经济资源从低效使用转向高效利用的个体。坎蒂隆的思想开创性地描绘了企业家在市场经济中的调节者角色,强调了他们在识别和把握市场机会中的独到见解。

企业家精神,更是一种涵盖企业家在策划、组织、建立和管理企业时

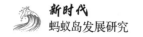

所展现的综合才能的描述。它不仅包括创业所需的技能和精神，还涉及冒险、创新和资源配置等方面。19 世纪，随着工业革命的推进，西方国家开始更加重视企业家精神，并将其视为推动经济增长和社会进步的关键因素。在语言使用上，企业家和企业家精神这两个术语也开始频繁互换，体现了对该概念认识的深化。

进入 20 世纪后，企业家概念逐渐从单一的商业和管理领域扩展到更为广泛的社会科学领域，如行为学、心理学和社会学，研究者开始探索企业家行为背后的动机、心理特征以及社会环境的影响。

10.1.1 企业家精神的精神特征分析

彼得·德鲁克（Peter Drucker）提出，企业家精神中最主要的是创新，进而把企业家的领导能力与管理等同起来，认为企业管理的核心内容，是企业家在经济上的冒险行为，企业就是企业家工作的组织。

世界著名的管理咨询公司埃森哲（Accenture），曾在 26 个国家和地区与几十万名企业家交谈，结果显示 79% 的企业家认为，企业家精神对于企业的成功非常重要。埃森哲的研究报告也指出，在全球高级主管心目中，企业家精神是组织健康长寿的基因和要穴。那么，到底什么是真正的企业家精神呢？

10.1.1.1 企业家首先应有工匠精神

工匠精神落在企业家层面，可以认为是企业家精神。第一，创新是企业家精神的内核。从产品创新到技术创新、市场创新、组织形式创新，在全面创新过程中，企业家寻找新的商业机会，在获得创新红利之后，继续投入促进创新，形成良性循环。第二，敬业是企业家精神的动力。有了敬业精神，企业家才会有将全身心投入企业中的不竭动力，才能够把创新当作自己的使命，才能使产品、企业拥有竞争力。

10.1.1.2 创新是企业家精神的灵魂

熊彼特（Schumpeter）关于企业家是从事"创造性破坏"的创新者观点，凸显了企业家精神的实质和特征。一个企业最大的隐患，就是创新精神的消亡。一个企业，要么增值，要么就是在人力资源上报废，创新必须成为企业家的本能。但创新不是"天才的闪烁"，而是企业家艰苦工作的结果。创新是企业家活动的典型特征。具有创新精神的企业家更像一名充满激情的艺术家。

10.1.1.3 冒险是企业家精神的天性

理查德·坎迪隆和法兰克·奈特（Frank Rnight）两位经济学家将企业家精神与风险或不确定性联系在一起。没有甘冒风险和承担风险的魄力，就不可能成为企业家。企业创新风险是二进制的，要么成功，要么失败，企业家没有第三条道路可走。

10.1.1.4 合作是企业家精神的精华

正如阿尔伯特·赫希曼（Albert Hirschman）所言，企业家在重大决策中实行集体行为而非个人行为。尽管企业家表面上常常是一个人在"表演"，但实际上真正的企业家是擅长合作的，而且这种合作精神需要扩展到企业的每个员工。企业家既不可能也没有必要成为一个超人，但企业家应努力成为"蜘蛛人"，要有非常强的"结网"能力和意识。企业家要充当教练角色，让员工进行合作，并为其合理的目标定位实施引导，同时给予足够的施展空间，并及时予以鼓励。

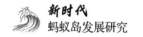
10.1.1.5 敬业是企业家精神的动力

马克斯·韦伯（Max Weber）在《新教伦理与资本主义精神》中提出，这种需要人们不停地工作的事业，成为他们生活中不可或缺的组成部分。事实上，这是唯一可能的动机。货币只是成功的标志之一，对事业的忠诚和责任，才是企业家的顶峰体验和不竭动力。

10.1.1.6 学习是企业家精神的关键

荀子曰："学不可以已。"彼得·圣吉（Peter Senge）在其名作《第五项修炼》中说："真正的学习，涉及人之所以为人此一意义的核心。"从系统思考的角度来看，从企业家到整个企业都必须持续学习。

10.1.1.7 诚信是企业家精神的基石

诚信是企业家的立身之本，在修炼领导艺术的所有原则中，诚信是绝对不能摒弃的原则。市场经济是法治经济，更是信用经济、诚信经济。若没有诚信，商业社会中将充满极大的道德风险，交易成本将显著抬高，这会造成社会资源的巨大浪费。凡勃伦（Veblen）在其名作《企业论》中指出："有远见的企业家非常重视包括诚信在内的商誉。"诺贝尔经济学奖得主弗里德曼（Friedman）更是明确指出："企业家只有一个责任，那就是在符合游戏规则的前提下，运用生产资源从事获取利润的活动。亦即须从事公开和自由的竞争，不能有欺瞒和诈骗。"

10.1.1.8 做一个服务者也是一个企业家应有的精神

我们每个人都是服务者。企业家要做的是帮客户解决问题，而不是单纯地赚钱。现在的市场很大，市场竞争很激烈，如果企业家只想着赚钱、赚大钱的话，就会导致服务客户的意识淡薄甚至缺失而让企业陷入危机。在竞争激烈的市场环境中，企业必须具有强大的服务能力，服务能力是保障企业生存的重要因素，也是企业立足和发展的基础。企业生存的关键是为客户提供优质服务，只有客户对企业满意了，企业才有可能取得长足的发展。只有真正了解了客户需求才能真正为客户服务。企业应该不断增强服务意识，转变工作作风，只有这样才能满足客户的需求，帮助客户解决难题，增进彼此之间的感情以及共同发展企业业务。企业家一定要有强烈的责任心和服务精神，只有这样才能实现公司利益。

10.1.2 企业家精神的基本内容

笔者认为精神首先是一种精神品质，是一种思想形式，是一种驱动智慧运思的意识形态，但精神不仅仅是表明个人意识状况或过程的心理的、主观的概念，精神相对于意识，它似乎应该是对意识的一种价值抽象。企业家精神也是企业家这个特殊群体所具有的共同特征，是他们所具有的独特的个人素质、价值取向以及思维模式的抽象表达，是对企业家理性和非理性逻辑结构的一种超越、升华。人们日常也把企业家群体独有的显著的精神特征看作是成功的企业家个人内在的经营意识、理念、胆魄和魅力，并以此来识别、挑选和任用企业家。

10.1.2.1 创新精神

创新，是企业家的灵魂。与一般的经营者相比，创新是企业家的主要特征。企业家的创新精神体现为一个成熟的企业家能够发现一般人所无法发现的机会，能够运用一般人所不能运用的资源，能够找到一般人无法想象的办法。企业家创新精神的体现有：引入一种新的产品；提供一种产品

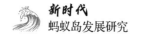

的新质量；实行一种新的管理模式；采用一种新的生产方法；开辟一个新的市场。

10.1.2.2 冒险精神

一个企业经营者，要想获得成功，成为一名杰出的企业家，必须具有冒险精神。对一个企业和企业家来说，不敢冒险才是最大的风险。企业家的冒险精神主要表现在以下方面：企业战略的制定与实施；企业生产能力的扩张和缩小；新技术的开发与运用；新市场的开辟；生产品种的增加和淘汰；产品价格的提高或降低。

10.1.2.3 创业精神

企业家的创业精神就是指锐意进取、艰苦奋斗、敬职敬业、勤俭节约的精神，主要体现在以下方面：积极进取；克服因循守旧的心理；顽强奋斗的行为；敬职敬业的职业道德；勤俭节省的精神风貌。

10.1.2.4 宽容精神

企业家的宽容精神是指企业家具有宽容心，愿意与人友好相处，愿意与他人合作的态度和精神，主要体现在以下方面：尊重同行和下属；尊重人才；善于使用人才，敢于起用人才；善于听取别人的意见，尤其是批评自己的意见；发扬民主精神，避免独断专行。企业家精神，是一种创新意识——新思路、新策略、新产品、新市场、新模式、新发展；企业家精神，是一种责任——敬业、诚信、合作、学习；企业家精神，是一种品格——冒险精神、准确判断、果断决策、坚韧执着；企业家精神，是种价值观——创造利润、奉献爱心、回报社会；企业家精神，是一种文化修养——广博的知识、高尚的道德情操、丰富的想象力。

10.2 蚂蚁岛创业历程中的企业家精神

10.2.1 蚂蚁岛的创新精神

创新精神是根植于蚂蚁岛人勤劳智慧的实践，形成于兼收并蓄文化之上的一种精神，唯创新者进，唯创新者强，唯创新者胜，在新的历史方位下，蚂蚁岛精神熠熠生辉，折射出的先进性和纯洁性没有变，仍然为祖国建设汇聚磅礴动力。习近平同志考察蚂蚁岛后，蚂蚁岛干部群众建设美好家园的热情受到了更大的激发，他们着眼于长远利益，集中智慧，进行全面规划，创新文化与管理。蚂蚁岛积极探索"精神立岛、渔业稳岛、生态建岛、工业强岛、旅游兴岛"的发展思路，建设蚂蚁岛精神红色教育基地，引进大型造船企业，改变了以渔业为主导的经济格局，也带来了大量人流、物流、信息流，第三产业蓬勃兴起。

10.2.2 蚂蚁岛的冒险精神

冒险精神突出的就是敢于冒险，敢于克服因循守旧的大流，能够走出舒适圈，怀着积极进取的精神，探寻一条出路。蚂蚁岛敢啃骨头，"啃"字单从字面意思来看，指一点一点咬下来，可理解为人们凭借着顽强的意志，克服种种困难或障碍，通过各种努力达到目的的行为，而"敢"字是有勇气、有胆量的意思，也就是面对再大的困难也不会退缩。

由此看来，"敢啃骨头"作为蚂蚁岛精神之一意味着蚂蚁岛群众主动应对挑战、克服困难、承担责任，发挥自己的主观能动性去创造有利条件和优势，探索出一条能够解决现实困难的出路。无独有偶，企业家精神之中也有冒险精神与之对应。

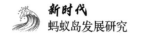

蚂蚁岛人曾濒临绝境，但他们仍能从这困局中走出来，其中原因应该不外乎以下几点。

第一，敢于攻坚。"敢啃骨头"四个字从字面上就给人一种敢打敢拼的感觉，指面对前进路上的挑战和艰难险阻都能够做到不退缩、不放弃，能够迎难而上、勇往直前。蚂蚁岛建设初期资金少难以发展远洋捕捞业，导致近海的渔场不够分，资源匮乏导致没法完成上级下达的生产指标，生产技术和设备的落后和老化更是让这个小渔岛雪上加霜。但是蚂蚁岛人没有放弃，没有技术就派人去学，没有资金就自己去筹集。于是，蚂蚁岛人创造了一个又一个奇迹。

第二，勇于奉献。蚂蚁岛人民为了建设自己的美丽家园，纷纷付出自己的所有。蚂蚁岛人民将自己的个人财物交给集体，公社上下一同面对当时的难题，众人拾柴火焰高也就是如此吧。

第三，敢于梦想。老一辈蚂蚁岛人过够了受尽侵略的屈辱生活，随着共产党的到来，他们渐渐敢于做梦。对他们来说，能够安居乐业就是他们的梦，把蚂蚁岛这座小岛变成别人的美谈就是他们的美梦。事实证明，只要敢于做梦，梦想就有可能照进现实。梦想让蚂蚁岛人民不怕现实的困难，在基层党支部的带领下，通过互助合作走一社一乡的道路。白手起家，从无到有，他们发展了远洋捕捞，又在岛上办起了全区第一所渔业中学，是全县第一个实现青壮年无文盲的乡，更是建起了全国第一个渔业人民公社。

10.2.3 蚂蚁岛的创业精神

艰苦创业，是指为了国家、民族和人民的共同利益和共同理想，为了发展社会主义事业，在艰苦的环境中开拓、奋斗。艰苦创业精神既是一种崇高的思想境界，也是人们成就任何事业不可缺少的精神动力。中华人民共和国成立后，蚂蚁岛资源匮乏，条件艰苦。乡亲们在党和政府的领导下，从艰难困苦中创办事业，实现了从小舢板，到大捕船、机帆船，再到现代化的船舶工厂的跨越。

往昔，仅有40条破舢板的蚂蚁岛人，毅然把目光投向了广袤的大海。大捕船，是蚂蚁岛人梦寐以求的。为了加快发展外海捕捞业，渔民把自家的蜡烛台、铜面盆、金银首饰等捐出来，把镶嵌在衣橱、棉柜、箱子上的金属抠下来，东拼西凑购得一艘大捕船。蚂蚁岛人用非一般的艰苦奋斗，成就了蚂蚁岛的新生。林妙珠驾驶着3米宽的渔船，穿梭在如山般的海浪之间。油管堵塞，机器停转，就用嘴对着管子直接吸，一大口柴油灌进嘴里，一瞬间五味杂陈……现在回想这些情景，林妙珠仍然觉得心酸。她说，岛上人面向大海，胸怀壮志，能吃得"苦中苦"。大捕船越来越多，蚂蚁岛开启了一段刻骨铭心、逐海创业的光辉岁月。

艰苦创业是蚂蚁岛精神的根基。只要有艰苦创业的精神，山即使再多，往上攀，总能登顶，路即使再长，走下去，定能到达。

11

蚂蚁岛的产业升级

11.1 渔业产业

11.1.1 渔业产业现状

蚂蚁岛的渔业，作为岛上发展的根本基础，一直以来扮演着重要的角色。在面临全球海洋渔业资源逐渐衰退的大背景下，蚂蚁岛积极主动地调整和优化渔业产业结构，着手实施了一系列创新措施，如大力推进渔船的升级改造，不断发展深水围网作业，并且加速推广效率高、质量优的精品化养殖模式。另外，岛上还充分利用红色旅游的热潮，积极引导渔民转向发展具有地域特色的休闲渔业。为此，岛上推出了一系列海洋渔业特色体验项目，如小对船古法捕鱼展示、抛蟹笼、塘钓等，这不仅丰富了游客的

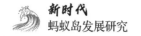

体验，同时也引领着传统产业的转型升级。

蚂蚁岛被称为"虾皮之乡"，这里的虾皮加工历史悠久，生产的虾皮在国内市场占据了重要地位。在过去，虾皮加工依赖于传统的燃煤烘道供热，这不仅效率低下，而且伴随着严重的烟尘废气排放问题。自2017年起，蚂蚁岛对当地虾皮加工厂进行了大刀阔斧的工艺改造。在当地领导的强力推动下，党员们发挥了模范带头作用，一家家引导加工户改用燃油供热新设备，从而实现了虾皮加工的绿色发展之路。在这个过程中，虾皮产业不仅促进了一二三产业的深度融合，而且使得虾皮加工企业的市场竞争力得到了显著提升，"虾皮之乡"的品牌也得以进一步发展壮大。

蚂蚁岛已从最初的小渔村发展成为国内乃至国际市场上的重要虾皮供应中心。19世纪初，当地渔民首次发现毛虾可以加工成美味的虾皮，这一发现使虾皮加工业成为岛上的主要经济活动。到了20世纪末，随着市场的不断扩大和技术的进步，虾皮产业开始逐步规模化，年产量占据了全国市场的80%，形成了一个集捕捞、加工、销售于一体的完整产业链。蚂蚁岛的虾皮加工旺季通常从每年10月开始，持续到次年1月。这一时期的年产值达到2亿—3亿元，大约有50家虾皮加工企业运营，为岛上近500人提供了就业机会。

21世纪初，面对生产效率低下和产品同质化的挑战，蚂蚁岛的虾皮产业迎来了关键的转型升级时期。蚂蚁岛人鲍慧芬是一名经验丰富的水产商人，她将其商业智慧转移到虾皮加工行业，并引入了现代化的技术和管理模式。她的合作与创新不仅提升了虾皮的加工效率和品质，也拓宽了产品的市场渠道。近年来，蚂蚁岛不再仅仅满足于传统的虾皮生产，而是积极探索开发新产品，如即食虾皮等。同时，岛上还组建了新时代虾皮转型互助组，共同应对市场挑战，推动产业持续升级。

党的二十大报告中提出了全面推动乡村振兴战略，强调要在乡村产业、人才、文化、生态和组织方面实现全面振兴。蚂蚁岛的虾皮产业转型便是对这一战略的具体实践。经过半年多的反复试验和调味，蚂蚁岛开发出了无污染的即食虾皮产品，并研发出多种口味，成功提升了虾皮的市场价值。在浙江商业集团主办的 26 县农产品展销活动中，蚂蚁岛的即食虾皮表现突出。与浙江商业集团签订合作协议后，该岛每月将向其提供 100kg 的精深加工虾皮。此外，随着休闲食品产业的拓展，岛上 3 家主要虾皮加工厂成立了新时代虾皮转型互助组，共同设定了新产品在原料鲜度、配料以及加工参数方面的标准，并统一了标识包装与销售。同时，蚂蚁岛还努力开发"海岛下酒菜"品牌，并启动了海蜇、海带及紫菜等舟山特色海产品的研发，以拓展即食虾皮的市场。这一系列的结构调整和转型升级举措，展示了蚂蚁岛在面对挑战时的勇敢和创新精神。

蚂蚁岛的虾皮产业不仅促进了当地的经济发展，还丰富了其文化内涵。每年的虾皮加工旺季都吸引了众多游客和摄影爱好者前来体验和记录，这使得虾皮成为岛上的一种文化象征。面对环保、产品创新和市场竞争力等挑战，蚂蚁岛正寻求可持续的发展道路，例如引入高效废水处理系统，减少对环境的影响，推动产品创新，并利用电商平台拓宽销售渠道。

蚂蚁岛虾皮产业的发展故事是中国乡村振兴战略的生动实践。蚂蚁岛不仅在经济上取得了成功，还在文化和生态方面展现了其独特的价值。

展望未来，蚂蚁岛的虾皮产业有望继续书写其发展的新篇章，为当地带来经济繁荣，并为乡村振兴提供宝贵的经验。

11.1.2 渔业产业未来发展

技术革新作为产业发展的强大引擎，正不断推动蚂蚁岛虾皮产业的进步。岛上的企业正引进应用前沿的加工技术和设备，大幅提高生产效率。

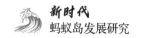

同时，这些企业也采用了环保型生产技术，减少了对环境的影响，符合全球可持续发展的趋势。为了更好地融入国际市场，蚂蚁岛正积极利用电子商务平台拓展销售渠道，提升产品的国际知名度。利用电商渠道不仅有效触达了消费者，还提供了宝贵的市场反馈，为产品创新提供了数据支持。蚂蚁岛还加强品牌建设，挖掘自身丰富的文化背景和生态优势，不断提升市场竞争力。通过融合旅游和文化活动，蚂蚁岛的虾皮产业的文化内涵得到了增强，吸引了更多的消费者。

蚂蚁岛将虾皮产业与当地旅游业相结合，创造了一种独特的文化体验。在发展虾皮产业的同时，蚂蚁岛高度重视生态保护和可持续发展。采取的环保生产方式不仅是对自然的负责，也是对未来发展的一项重要投资。面对环保、产品创新和市场竞争力等挑战，蚂蚁岛正走在可持续发展的道路上。引入高效废水处理系统、减少生产过程的环境影响、推动产品创新，并利用电商平台拓宽销售渠道，这些举措正引领蚂蚁岛迈向一个更加绿色、健康的未来。

对于食品安全，蚂蚁岛始终持严格态度。蚂蚁岛加强了对虾皮产品质量的监管，以确保食品安全，这不仅提升了消费者的信心，也为品牌建立了良好的口碑。随着健康食品潮流的兴起和消费者对可持续产品的追求，蚂蚁岛的虾皮产业正不断调整其产品策略，开发无添加、低盐或其他功能性的虾皮产品，以适应健康饮食的趋势。

蚂蚁岛的虾皮产业站在了一个新的发展起点上。通过产品创新、技术升级、市场拓展、品牌建设以及可持续发展等多维度的努力，这个产业不仅在经济上取得了进一步的成功，也在文化和生态方面展示了其独特的价值。这不仅是对中国乡村振兴战略的响应，也是对全球可持续食品产业发展趋势的积极参与。

11.2 旅游产业

11.2.1 旅游产业发展现状

蚂蚁岛是红色教育的重要地点，也是展示艰苦创业精神的典范。习近平同志曾在视察蚂蚁岛时高度赞扬了岛上的精神文化，强调蚂蚁岛精神永不过时。

2018 年初，蚂蚁岛管委会提出了在半年时间内打造"一带一线多点"红色教育基地的目标。蚂蚁岛的红色教育基地特设了"一线"精神教育体验线，旨在深入传承和弘扬蚂蚁岛精神。体验线精心布局，包括创业广场、旅游服务中心、艰苦创业现场展示区等，每一站都富有教育意义。此外，人民公社旧址、蚂蚁岛创业纪念室等地标性教学点，均详细展示了岛上人民的奋斗历史。马金星《军港之夜》词作创作地、历史悠久的"三八"海塘等，也在线路中作为重要站点，让参观者亲身体验和感悟红色文化的深厚底蕴。而"一带"是指蚂蚁岛滨海休闲渔业体验带，是沿蚂蚁大道串联起星浪渔场、长沙塘文化广场、避风塘休闲渔业体验区而形成的风景体验带。"多点"包括了东海岸船厂、虾皮加工区、渔船码头、登山观港和海岛野外生存训练等户外教学点。

2018 年 6 月 13 日，蚂蚁岛精神红色教育基地正式启用，以打造学习、宣传、实践习近平新时代中国特色社会主义思想的重要阵地为标志性成果。作为弘扬蚂蚁岛精神的现实载体，红色教育基地穿上时代的"新衣"，不断探索创新，优化环境，提升实效，实现了从"一点红"到"全面红"的转变。红色旅游业的兴起，为蚂蚁岛带来了大量人流、物流、信息流，推动了第三产业的蓬勃发展。

蚂蚁岛管委会近年来深入挖掘蚂蚁岛精神的内涵，特别是在廉政教育

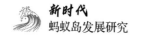

方面做了大量工作。蚂蚁岛精神红色教育基地被确定为舟山市廉政教育基地，获得了浙江省爱国主义教育基地、浙江省红色旅游教育基地等多项称号。据统计，每年有成千上万名党员干部群众前来学习和参观。

蚂蚁岛的生态建设也取得了显著进展。20世纪60年代，在盛再堂的领导下，岛上展开了一场规模宏大的人工造林运动。通过实施有策略的封山育林政策和执行严格的林业保护措施，岛上的自然景观发生了翻天覆地的变化。如今，岛上森林和绿地覆盖了大部分区域，蚂蚁岛成为一个真正意义上的生态绿洲。随着红色旅游的兴起，岛上的住宿、餐饮和娱乐服务业迅速发展，极大地促进了当地经济的发展。自2018年以来，岛上的特色渔产品，如虾皮和鱼松，也开辟了新的销售渠道，通过线上平台销售到全国各地，进一步提升了蚂蚁岛的知名度和影响力。

目前，蚂蚁岛正在进行一系列重大基础设施建设项目，包括游客服务中心、居家养老服务中心和全岛风貌提升项目等，以优化岛上功能布局，提升居民宜居品质，同时吸引更多游客。计划中的青少年研学基地，预计投资5000万元，将提供6000平方米的教育和培训设施，拥有100张床位，预计将在2025年底建成。

蚂蚁岛的这些发展举措，不仅展示了其在生态保护、文化传承和旅游发展方面的卓越成就，也彰显了其对未来发展的远见和决心。通过不懈努力，蚂蚁岛正在将自己打造成一个生态美丽、文化丰富、经济繁荣的现代化小岛。

11.2.2 旅游产业的未来发展

蚂蚁岛凭借其丰富的红色文化和生态资源，成为具有重要意义的旅游目的地。未来蚂蚁岛旅游业的发展，将在多个方面深入展开创新工作。

首先，蚂蚁岛在红色文化旅游方面的深化和扩展将是其发展的重点。习近平同志在视察蚂蚁岛时提到的蚂蚁岛精神——"艰苦创业、敢啃骨头、勇争一流"，将通过创新红色文化产品和活动，如主题演出、故事讲述和历史展览，以及互动式展览和虚拟现实技术等现代手段，被更广泛地传播和弘扬。其次，蚂蚁岛将加强生态旅游的发展。自20世纪60年代以来，岛上开展了大规模的人工造林活动，为生态旅游提供了良好的自然条件。未来，岛上将开发与生态环境相结合的旅游项目，如生态徒步道、观察站和体验营，以提升游客对生态保护的认识。此外，蚂蚁岛将创新旅游产品和服务，结合其红色文化和生态环境，开发特色民宿、餐饮服务和地方特色美食体验，同时利用VR和AR等技术增强游客体验的互动性和沉浸感。

在基础设施和服务质量方面，蚂蚁岛将致力于提高标准，如改善交通设施、建设高标准接待中心和住宿设施，提升服务人员的专业素质和服务水平，确保游客能享受到高品质的服务。同时，岛上的旅游品牌建设和营销策略将得到加强，如通过社交媒体和网络营销等手段提高蚂蚁岛的知名度和影响力。

蚂蚁岛还将重视与其他旅游目的地的合作，通过区域联动共同开发和推广红色旅游产品。

通过这些努力，蚂蚁岛正逐步成为一个生态美丽、文化丰富、经济繁荣的现代化小岛。未来，蚂蚁岛将更加多元，利用其独特的红色文化和生态资源，结合创新的旅游产品和服务，成为集生态美丽、文化丰富、经济繁荣于一体的现代化的旅游目的地。

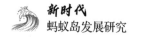
11.3 船舶产业

11.3.1 船舶业发展现状

2007 年，蚂蚁岛迎来了一个重要的转折点，成功地引进了扬帆集团下属的浙江东海岸船业有限公司，这一举措彻底改变了岛上以往以渔业为主导的经济格局。这家公司的成立，不仅成为蚂蚁岛工业化进程的关键里程碑，也象征着岛屿经济结构的重大转型。作为岛内工业企业的龙头，东海岸公司不仅强化了蚂蚁岛在地区经济中的重要角色，而且成为再创民营经济高质量发展新辉煌的明显成果体现。

蚂蚁岛管委会积极推动经济发展，特别是工业企业的稳定增长。管委会通过提供实质性的企业服务，采取创新驱动策略，探索绿色发展之路。以东海岸公司的分布式光伏电站项目为例，蚂蚁岛加速了造船产业的新旧动能转换，促进了工业企业生产潜能的稳定释放，进而推动了工业经济的稳步发展。

东海岸公司的发展，带动了蚂蚁岛经济结构的显著变化。东海岸公司不仅在生产规模上取得了显著进步，也在技术创新和产业升级方面取得了重大成就。该公司自研的大型车渡船设有 13 层甲板，可装载 7800 辆汽车，成为国内自主开发的重要大型车渡船之一。

蚂蚁岛的船舶制造业的发展，对岛上的经济和社会发展产生了深远影响。该产业的发展为当地居民提供了大量就业机会，直接促进了社区繁荣。同时，船舶制造业的成功为蚂蚁岛的其他产业发展提供了示范效应，推动了岛上经济结构的多元化和现代化。通过引进和培育先进的制造业，蚂蚁岛成功地从一个以渔业为主的传统岛屿转变为一个具有现代化工业基础的经济体。这一转型不仅提升了岛上居民的生活水平，也为地区乃至全国的产业升级和经济发展提供了宝贵的经验和启示。

11.3.2 船舶业未来的发展

蚂蚁岛的船舶制造业，作为当地经济的重要支柱，正处于面临众多挑战和机遇的关键时期。鉴于全球经济发展趋势和技术创新的加速步伐，蚂蚁岛船舶制造业的未来发展预计将重点聚焦于三大核心方向：绿色化、智能化和高端化。

绿色化是船舶制造行业未来的主要发展趋势。全球对环保的关注与日俱增，这促使低碳排放船、清洁能源船和智能节能船的需求持续上升。这些类型的船舶在设计、建造、运营和报废的全生命周期中尽可能减少对环境的影响，实现资源节约和循环利用。蚂蚁岛的船舶制造业将加大在绿色船舶技术的研发和应用方面的投入，这包括使用更环保的材料、优化船体设计以降低能耗，以及应用清洁能源如太阳能和风能，并提高船舶的回收利用率。

智能化是船舶制造业另一个重要的发展方向。信息技术和人工智能的快速发展正为船舶制造业带来新机遇。无人驾驶船、远程控制船和自适应控制船等智能船舶，凭借其自主控制、远程操作和自适应学习的能力，将成为市场的新宠。蚂蚁岛的船舶制造业正计划投资这些先进技术，旨在提升航行效率和安全性，同时减少人工操作错误和运营成本。

高端化是船舶制造业面临的另一重要发展机遇。随着中国海洋经济和国防建设的不断发展，国家对高端船舶的需求日益增长。海洋工程船、军用舰艇、科考船、极地船等高端船舶，凭借其高技术含量和高性能，能满足特殊需求。蚂蚁岛的船舶制造业将专注于这类船舶的开发和制造，特别是在海洋工程船和科考船方面，提供更专业和定制化的服务。

然而，面临着国内外市场需求变化、技术创新和环保压力等诸多挑战，蚂蚁岛需要不断调整结构和转型升级，以提升绿色化、智能化、高端化的水平，增强核心竞争力和可持续发展能力。为应对这些挑战，蚂蚁岛的船舶制造业将加强与国内外研发机构和高等学府的合作，引进和培养更多专业人才，同时加大研发投入，加快技术创新的步伐。蚂蚁岛的船舶制造业也将重视与政府的合作，争取在税收减免、资金补贴和土地使用等方面获得更多的支持和优惠政策，以促进产业的升级和发展。在产品线方面，蚂蚁岛将根据市场和客户需求的多样化，开发不同类型的船舶，如定制化的奢华游艇、专业的深海科考船和高速货运船。同时，蚂蚁岛的船舶制造业也将积极探索无人驾驶船舶的研发和制造，以应对未来市场的需求。在国际市场上，蚂蚁岛将组织企业通过参加国际展会、建立国际合作伙伴关系等方式加强与其他国家船舶制造商的合作，提升品牌影响力。

通过这些措施，蚂蚁岛的船舶制造业不仅将成为推动当地经济多元化和现代化的重要力量，还将在地区乃至全国的产业升级和可持续发展中产生深远的影响。蚂蚁岛有望成为国内乃至国际上船舶制造领域的重要参与者和领导者。

参考文献

［1］贝静红. 蚂蚁岛精神奋斗观研究［J］. 浙江海洋大学学报（人文科学版），2021，38（1）：23-29.

［2］陈依元. 浙江海洋精神论纲［J］. 宁波大学学报（人文科学版），2000（3）：1-5.

［3］胡海鹏. 生成·内容·方法：百年来中国共产党人利益观的三重向度［J］. 河南科技大学学报（社会科学版），2021，39（6）：1-7.

［4］胡素清. 浙江"海洋精神"在社会治理中的先导作用［J］. 管理观察，2016（34）：84-87，91.

［5］林洋，陈玉婧. 回顾与展望：建党百年视域下的精神家园建设［J］. 湖北经济学院学报，2021，19（4）：12-21.

［6］龙春芳. 地方高校图书馆本土文化数据库构建研究：以"常德印象"数据库建设为例［J］. 绥化学院学报，2021，41（9）：135-137.

［7］孟祥鹏. 数字化技术在博物馆展陈中的发展和运用研究［J］. 收藏与投资，2021，12（9）：93-95.

［8］米海燕. 常州地域文化研究数据库的构建［J］. 常州工学院学报（社会科学版），2013，31（3）：4-8.

［9］王建友. 蚂蚁岛精神的海洋特质与新使命［J］. 浙江海洋大学学报（人文科学版），2021，38（2）：20-24.

［10］吴士存. 论海洋命运共同体理念的时代意蕴与中国使命［J］. 亚太安全与海洋研究，2021（4）：2，20-31.

［11］徐梦周，吕铁. 数字经济的浙江实践：发展历程、模式特征与经验启示［J］. 中国发展观察，2019（4）：67-71.

［12］尹珍. 数字博物馆沉浸式交互设计［J］. 传媒论坛，2021，4（20）：52-54.

［13］张瑛，黄正光. 继承发扬蚂蚁岛先行先试的创业精神［N］. 舟山日报，2011-06-30（4）.

［14］周润苗，陈琰. 常德民俗文化数字博物馆构建研究［J］. 数字技术与应用，2020，38（11）：97-99.

［15］朱锋. 从"人类命运共同体"到"海洋命运共同体"：推进全球海洋治理与合作的理念和路径［J］. 亚太安全与海洋研究，2021（4）：1-19，133.

［16］本刊编辑部，张定安. 以"千万工程"引领乡村振兴［J］. 中国行政管理，2023（7）：5.

［17］黄祖辉，傅琳琳. 我国乡村建设的关键与浙江"千万工程"启示［J］. 华中农业大学学报（社会科学版），2021（3）：4-9，182.

［18］陈波. 竞奔争先　助推三个"一号工程"［J］. 浙江人大，2023（5）：10-13.

［19］林卡. 百年变迁与新时代：中国社会转型的阶级基础和社会环境［J］. 社会发展研究，2021，8（2）：2-12.